कॅरियर में सफलता के 21 मंत्र

कॅरियर में सफलता के 21 मंत्र

ब्रायन ट्रेसी

प्रभात प्रकाशन

प्रकाशक
प्रभात प्रकाशन प्रा. लि.
4/19 आसफ अली रोड, नई दिल्ली–110002
फोन : 011–23289777 • हेल्पलाइन नं. : 7827007777
इ–मेल : prabhatbooks@gmail.com ❖ वेब ठिकाना : www.prabhatbooks.com

संस्करण
2026

अनुवाद
बी.के. सिन्हा

पेपरबैक मूल्य
तीन सौ रुपए

मुद्रक
आर–टेक ऑफसेट प्रिंटर्स, दिल्ली

★

CAREER MEIN SAFALTA KE 21 MANTRA
by Brian Tracy

Published by **PRABHAT PRAKASHAN PVT. LTD.**
4/19 Asaf Ali Road, New Delhi-110002

ISBN 978-93-5266-069-8

₹ 300.00 (PB)

यह पुस्तक
मेरे अच्छे दोस्त और व्यावसायिक साझेदार
विक्टर रिसलिंग को समर्पित है,
जिन्होंने वचनबद्धता, निष्ठा और उत्तरदायित्व के
उच्चतम गुणों का अनूठा उदाहरण प्रस्तुत किया है और
काम कराने तथा अतिरिक्त परिश्रम का बीड़ा उठाने के
लिए सदैव तत्पर रहते हैं। विक्टर किसी भी ऐसे व्यक्ति
के लिए आदर्श हैं, जो अधिक पारिश्रमिक पाने तथा
तरक्की की सीढ़ियाँ तेजी से
चढ़ने की चाहत रखता है।

आमुख

यह पुस्तक हर उस व्यक्ति के लिए अनिवार्य है, जो अपनी आजीविका या अपने कॅरियर को मुट्ठी में करना चाहते हैं। अगर आप समझते हैं कि आपको आज जितना मिल रहा है, उससे कहीं अधिक पाने की योग्यता आप रखते हैं, तो शायद आप सही हैं। यह पुस्तक आपको दिखाएगी कि आप अपनी योग्यता का सही मूल्य कैसे प्राप्त कर सकते हैं। यहाँ आपके लिए 21 सूत्रों पर आधारित व्यावहारिक एवं प्रामाणिक तकनीकों की शृंखला प्रस्तुत की जा रही है। इन तकनीकों को यदि आप सही ढंग से अपनाते हैं और इन पर अमल करना आरंभ कर देते हैं तो किसी भी कंपनी या नौकरी में आप एक के बाद एक सीढियाँ चढ़ते चले जा सकते हैं और तेजी से आगे बढ़ते रहेंगे।

यहाँ वर्णित रणनीतियाँ वास्तव में मेरे 30 वर्ष से भी अधिक समय के कामकाजी अनुभव का निचोड़ हैं; क्योंकि इस दौरान मैंने घरेलू नौकर जैसे अत्यधिक छोटे काम से लेकर कार्य-संचालक के पद पर पहुँचने तक, हर स्तर पर, काम किया है। मैंने प्लेटें धोनेवाले एक नौकर (डिश वॉशर) के रूप में काम करना शुरू किया और फिर डिपार्टमेंटल स्टोर में स्टॉक ब्वॉय बन गया। मैंने विभिन्न उद्योगों और भिन्न-भिन्न देशों में बीस से भी अधिक प्रकार के काम किए; लेकिन मैं आगे बढ़ने के लिए सदैव संघर्ष करता रहा। उस कठिन संघर्ष ने ही मुझे इन सिद्धांतों को

जानने-समझने और सीखने का अवसर दिया।

अपने पूरे जीवन-यापन में मैं निरंतर अपने चारों ओर देखता रहा और स्वयं से यह सवाल पूछता था, "ऐसा क्यों होता है कि कुछ लोग दूसरों से अधिक सफल, अधिक कामयाब हैं?" विशेष रूप से कुछ लोग किस कारण से अधिक पारिश्रमिक पाने और तेजी से आगे बढ़ पाने में सफल हो जाते हैं, जबकि दूसरे पीछे रह जाते हैं?

वर्षों तक मैंने कड़ा शारीरिक श्रम किया, वस्तुओं की बिक्री के लिए बहुत दौड़-भाग की। मेरी मेहनत रंग लाई। मैं प्रबंधक श्रेणी में आ गया और अंततः मैं 26.5 करोड़ डॉलर की एक कंपनी में मुख्य संचालन अधिकारी (चीफ ऑपरेटिंग ऑफिसर) बन गया। आज मैं दुनिया में कुछ सबसे बड़ी कंपनियों के कार्यपालकों के साथ कॅरियर अर्थात् जीविका विकास एवं व्यक्तिगत सफलता संबंधी विषयों पर विचार-विमर्श करता हूँ।

अपने कॅरियर के दौरान विभिन्न पदों पर रहते हुए मैंने जूनियर कर्मचारियों से लेकर कंपनी अध्यक्षों तक अनगिनत लोगों को नियुक्त किया है, प्रशिक्षित किया है, परामर्श प्रदान किया है। उनके कार्य का मूल्यांकन किया है, उनको तरक्की दी है और नौकरी से निकाला है। मैंने ऐसे हजारों महत्त्वाकांक्षी पुरुषों व महिलाओं के लिए संगोष्ठियों का आयोजन और संचालन किया है, जो अधिक तीव्रता से आगे बढ़ने की चाहत रखते थे।

जहाँ तक मेरे उच्च स्तरीय वैयक्तिक प्रशिक्षण कार्यक्रमों का संबंध है, मैं इन कार्यक्रमों में सफल कार्यपालकों तथा उद्यमियों के साथ काम करता हूँ और उनकी ऐसे मदद करता हूँ कि वे अधिक-से-अधिक सही काम सही ढंग से करने के लिए स्वयं को तैयार कर सकें, पुनर्व्यवस्थित कर सकें, जिससे उनकी आय में इतनी तीव्र दर से वृद्धि हो सके जैसी वृद्धि पहले कभी नहीं हुई।

ये सुझाव आप पर लागू होते हैं, भले ही आज आप कुछ भी कर रहे हों। सच तो यह है कि आप अभी जितना कमा रहे हैं, संभवतः उससे दो गुना पाने की योग्यता रखते हैं। हो सकता है, आप उससे पाँच गुना या दस गुना पाने के हकदार हों। लेकिन आप जो भी काम करते हैं, उसमें अपनी क्षमता को अधिक-से-अधिक बढ़ाने के लिए आवश्यक कदम उठाना पूरी तरह आपके ऊपर निर्भर करता है।

सबकुछ आपके हाथ में है। अपनी जीविका के आप खुद नियंता हैं। आगे, विशेषकर दीर्घावधि में आपकी क्या योजनाएँ हैं, इसके बारे में अधिकतर निर्णय आप स्वयं करते हैं। आपके कार्य में आपका प्रमुख उत्तरदायित्व यह होता है कि आप अपनी ऊर्जा की खपत के प्रतिफल में वृद्धि कैसे करें? आपका मुख्य उद्देश्य यह होना चाहिए कि आप अपने कार्य में अपने जीवन का जितना हिस्सा खर्च करते हैं, उस पर आपको अधिकतम प्रतिफल प्राप्त हो। आपका उद्देश्य किसी भी कार्य में आपके द्वारा निवेश किए गए समय के लिए यथासंभव अधिकतम आय अर्थात् प्रतिफल प्राप्त करना होना चाहिए।

आपका जो भी कार्यक्षेत्र है, उसमें एक बड़ा सफल व्यक्ति बनने में उतने ही वर्ष लगते हैं, जितना कि एक औसत दर्जे का सफल व्यक्ति बनने में लगते हैं। और सच्चाई यह है कि आप औसत दर्जे के नहीं हैं। संभवतः आप किसी एक क्षेत्र में—और शायद अनेक क्षेत्रों में—असाधारण बनने की क्षमता रखते हैं। आपके अंदर—इस क्षण भी—निश्चित रूप से अनेक ऐसी प्रतिभाएँ एवं योग्यताएँ दबी पड़ी हैं, जिनका आपने अभी पूरा-पूरा उपयोग नहीं किया है। आपका काम है कि आप अपनी उन विशेष प्रतिभाओं को पहचानें और फिर उन्हें इस प्रकार लागू करें, जिससे आपकी क्षमता का अधिकतम उपयोग हो सके और आपके कॅरियर का तेजी से विकास हो सके।

इस पुस्तक का एक ही केंद्र-बिंदु है—कॅरियर में सफलता। दूसरे

शब्दों में, कॅरियर को सफल बनाना। इसका संतुलन स्थापित करने, जीवन की गुणवत्ता या व्यक्तिगत संबंधों के महत्त्व से सरोकार नहीं है। इन महत्त्वपूर्ण विषयों पर विवेचन अन्यत्र बेहतर ढंग से किया जा सकता है।

इस पुस्तक में वर्णित इक्कीस बहुमूल्य सुझावों का एकमात्र उद्देश्य आपके द्वारा अपने लिए चुने गए क्षेत्र में काम करने तथा कर सकने की आपकी इच्छा को पूरा करने में आपकी मदद करना है। ये सिद्धांत इस तथ्य पर आधारित हैं कि अपने कॅरियर और अपने भविष्य के निर्माता और निर्णायक आप ही हैं। आप निठल्ले निष्क्रिय व्यक्ति नहीं हैं, जो इसी उम्मीद में हाथ पर हाथ धरे बैठा रहे कि आपके कॅरियर में अगर कुछ अच्छा होना है तो स्वत: हो जाएगा; बल्कि यह समझाना चाहिए कि आपका जीवन अपना है और आप उस जीवन में प्रमुख निर्माण-शक्ति की भूमिका निभाते हैं। आप परिस्थितियों के जनक हैं, परिस्थिति से जनमे प्राणी मात्र नहीं।

यहाँ प्रत्येक सूत्र या उपाय, तरीका, रणनीति और तकनीक के बारे में बताया जाना है। इसकी परख व्यावहारिक अनुभव की कसौटी पर की जा चुकी है और सही साबित हो चुकी है। हजारों पुरुष और महिलाएँ इन सिद्धांतों को व्यवहार में ला रहे हैं तथा उनके कार्य के परिणामों में नाटकीय या बहुत ज्यादा सुधार दिखाई दिया है। इन इक्कीस श्रेष्ठ उपायों का नियमित उपयोग करके आप आय तथा सफलता का वही स्तर हासिल कर सकते हैं, जहाँ पहुँचने के लिए आपको वर्षों तक कड़ा परिश्रम करना पड़ता। और आप जो हासिल कर सकते हैं, उस पर किन्हीं सीमाओं का बंधन नहीं है; परंतु उन सीमाओं को छोड़कर, जो आप स्वयं अपने लिए तय करते हैं।

—ब्रायन ट्रेसी

प्रस्तावना

अपनी आजीविका कॅरियर और अपने भविष्य की लगाम सँभालना

मानव इतिहास में यह एक अद्‌भुत समय है, जिसमें हम जी रहे हैं। अपनी आजीविका और अपने जीवन के लक्ष्यों को प्राप्त करने के लिए जितने अवसर और जितनी संभावनाएँ महत्त्वाकांक्षी लोगों के समक्ष आज प्रस्तुत हैं, उतने अवसर पहले कभी नहीं रहे।

अपने प्रति और अपने संसार के प्रति आपका यह उत्तरदायित्व बनता है कि संभावनाओं के जितने द्वार आपके चारों ओर खुल रहे हैं, उनका पूरा-पूरा लाभ उठाएँ। आपको चाहिए कि अपनी सारी प्रतिभाओं और योग्यताओं को साथ लेकर आप संभावनाओं के इस दौर में शामिल हों, जिसे अनेक अर्थशास्त्रियों द्वारा 'मानव जाति का सुनहरा युग' कहा जा रहा है। यह पुस्तक आपको बताएगी कि यह कैसे करना है।

आगामी पृष्ठों में आपकी जानकारी के लिए ऐसे अनेक व्यावहारिक, प्रामाणिक, सरल और कारगर उपाय बताए गए हैं, जिन्हें अपनाकर आप उसी काम के लिए अधिक धन प्राप्त कर सकते हैं, जो काम आप करते हैं। आप जानेंगे कि अधिकार और जिम्मेदारी के उच्चतर स्तरों तक आप किस तरह अधिक तीव्रता से पहुँच सकते हैं। आप अपने कॅरियर को तीव्र उड़ान देना सीख जाएँगे और अपने कार्य में स्वयं को उस रास्ते पर ले जा सकेंगे, जिस पर बहुत तेज गति से चलना पड़ता है।

हमारे समाज में सर्वाधिक पारिश्रमिक पानेवाले और अत्यधिक सफल व्यक्तियों द्वारा इन तरीकों एवं तकनीकों का प्रयोग किया जाता है। जब आप स्वयं इन तरीकों एवं तकनीकों को व्यवहार में लाएँगे तो समझ लीजिए कि आप अपना पाँव अपने जीवन के एक्सेलरेटर पर रख रहे होंगे और अपने कॅरियर में आगे दौड़ना आरंभ कर दिया होगा। भीड़ में शामिल कोई औसत व्यक्ति दस या बीस साल का सफर तय करके जिस मुकाम पर पहुँचता है, उससे अधिक तरक्की आप अगले दो-चार वर्षों में ही हासिल कर लेंगे।

हम आजीवन रोजगार के युग से निकलकर जीवन भर रोजगार-योग्य रहने के युग में कदम रख चुके हैं। इसका अर्थ है कि अब से आगे अपने कार्य और व्यक्तिगत जीवन के प्रत्येक भाग के लिए आप पूरी तरह जवाबदेह हैं। अगर आपके मन में कभी यह बात उठती है कि आप स्वयं को छोड़कर किसी भी व्यक्ति के लिए काम करते हैं तो यह आपकी सबसे बड़ी भूल हो सकती है। आपके वेतन के चेक पर भले ही किसी के भी दस्तखत हों, आप हमेशा अपने मालिक हैं। आप सदैव स्व-नियोजित रहते हैं। आगे चलकर आप तय करते हैं कि आपको कितना वेतन मिलता है, कितनी जल्दी आपकी पदोन्नति होती है और वह सबकुछ, जो आपके साथ घटित होता है, उसके लिए आप उत्तरदायी हैं।

टॉप के 3 प्रतिशत अमेरिकन वेतन और पदोन्नति की दृष्टि से खुद को स्व-नियोजित समझते हैं, चाहे वे कहीं भी काम करते हों या किसी भी व्यक्ति के लिए काम करते हों। उनकी यह सोच कि वे स्व-नियोजित हैं और जो भी परिणाम आएँगे, उनके लिए पूरी तरह से वे स्वयं जिम्मेदार होंगे, उनको न केवल अपनी कंपनियों की नजर में, बल्कि अपनी स्वयं की नजर में भी अधिक मूल्यवान बनाती है। नतीजा यह होता है कि उनके लिए और अधिक दरवाजे खुल जाते हैं। वे अधिक वेतन पाने और जल्दी से तरक्की हासिल करने में सफल होते हैं।

अब से आगे आप स्वयं को किसी कंपनी के अध्यक्ष के रूप में देखें, जिसमें सिर्फ एक कर्मचारी है—आप स्वयं। आप यह सोचकर चलें कि प्रतिस्पर्धात्मक बाजार में आपको केवल एक वस्तु बेचने की जिम्मेदारी उठानी है—आपकी व्यक्तिगत सेवाएँ। स्वयं को अपनी मौजूदा कंपनी के एक ऐसे सलाहकार या परामर्शदाता के रूप में देखें, जो उस राशि को न्यायोचित ठहराने के लिए दृढ़ निश्चयी है, जो राशि प्रत्येक दिन के प्रत्येक घंटे आपको चुकाई जाती है।

फिर, अपनी सेवाओं के बदले अधिक मूल्य पाने तथा जल्दी-जल्दी तरक्की प्राप्त करने के लिए फास्ट-ट्रैकर्स इन इक्कीस उत्कृष्ट उपायों को लागू करना आरंभ कर दें, जिनका प्रयोग तेज दौड़नेवालों द्वारा अपने कॅरियर में द्रुत गति से आगे बढ़ने के लिए किया जाता है। आप कभी पीछे मुड़कर नहीं देखेंगे।

अनुक्रम

1

निश्चय करें कि आप वास्तव में चाहते क्या हैं?

''दुनिया की आदत है उस आदमी के लिए जगह बनाना, जिसकी कथनी और करनी से पता चलता है कि उसे मालूम है, वह किधर जा रहा है।''

—नेपोलियन हिल

व्यक्तिगत सफलता और उपलब्धि में यह असाधारण कदम है। आपको निर्णय करना है कि अपने कॅरियर से आप वास्तव में क्या अपेक्षा रखते हैं। समय निकालकर अपनी प्रतिभाओं एवं योग्यताओं का विश्लेषण करें। अपने अंदर गहराई में जाकर निर्णय लें कि आपको वास्तव में क्या करने में आनंद मिलता है। उन कार्यों और क्रिया-कलापों को पहचानें, जिनमें आपकी सबसे अधिक रुचि है और जो आपका ध्यान अपनी ओर खींचते हैं। आपने पहले जो काम-धंधे किए हैं, उनके बारे में पुनः विचार करें। आपके अत्यधिक संतोषप्रद अनुभव क्या रहे हैं और वे कौन से क्षण थे, जब काम करते हुए आपको सबसे ज्यादा खुशी की अनुभूति हुई?

आप प्रकृति का महानतम चमत्कार हैं। आप लाखों-करोड़ों वर्षों

के विकास का परिणाम हैं। हू-ब-हू आपके जैसा न तो कभी कोई हुआ है और न कभी होगा। अर्थात् न भूतो, न भविष्यति। आपके आनुवंशिक कोड में ऐसी विशेष प्रकार की सशक्त क्षमताओं से युक्त कार्यक्रम डाला गया है कि उन क्षमताओं को विकसित करके आप कुछ कार्य बहुत ही अच्छे ढंग से कर सकते हैं।

आपको जन्म से ही सफलता पाने के लिए बनाया गया है। आपके अंदर प्रतिभा और संभावित क्षमता का गहरा सागर है, जिसे आपने अभी तक छुआ भी नहीं है। अगर आप चाहें और दृढ़ निश्चय कर लें तो आप कुछ भी बन सकते हैं, कुछ भी कर सकते हैं; क्योंकि आपके अंदर वह क्षमता मौजूद है। लेकिन सबसे पहले आपको यह निश्चित करने की जिम्मेदारी उठानी होगी कि आप वास्तव में क्या बनना या क्या करना चाहते हैं और फिर स्वयं को पूरे मन से वही बनने या करने के प्रति समर्पित करें, जिसकी आप में क्षमता है।

आप वास्तव में जो चाहते हैं, उसके बारे में निर्णय करने में अपने कॅरियर को आदर्श बनाने की प्रक्रिया का अभ्यास करें। स्वयं को आज से पाँच वर्ष आगे रखकर देखें और कल्पना करें कि आप आदर्श परिस्थितियों के अंतर्गत, आदर्श लोगों के साथ, आदर्श काम कर रहे होंगे और आदर्श वेतन प्राप्त कर रहे होंगे। कैसा अनुभव करेंगे स्वयं को उस स्थिति में पाकर? अपना आदर्श स्पष्ट रूप से निर्धारित करें और फिर निर्णय करें कि इसे अमल में लाने के लिए आपको क्या करना होगा और यह आज ही से करना होगा।

एक क्षण के लिए कल्पना करें कि आप कोई भी काम ले सकते हैं। कल्पना करें कि सभी नौकरियों और सभी पदों के द्वार आपके लिए खुले हैं। कल्पना करें कि एक काम है, जिसे करने में आपको वास्तव में बहुत आनंद प्राप्त होगा। वह काम आप हर घंटे और हर दिन खुशी-खुशी कर सकेंगे।

आपके लिए सभी बड़ी-से-बड़ी सफलताओं का रहस्य यह निश्चित करना है कि वह कौन सा काम है, जिसे करने में आपको वास्तविक सुख प्राप्त होता है और फिर कोई रास्ता निकालें, ताकि उसी काम को करते हुए आप अच्छा जीवन व्यतीत कर सकें। और यह आप पर निर्भर करता है। कोई और व्यक्ति यह काम आपके लिए नहीं कर सकता है। आप स्वयं उत्तरदायी हैं।

जब आप कोई ऐसा काम कर रहे होते हैं, जिसे करने में आपको आनंद प्राप्त होता है, जिसे आप अपनी रुचि के अनुकूल और चुनौती भरा पाते हैं और जिससे आपको स्फूर्ति एवं प्रेरणा मिलती है, वह काम आपको हमेशा अधिक आय दिलाएगा और आपकी पदोन्नति भी तेजी से होगी। सच तो यह है कि जब तक आप अपने कार्य में वास्तविक आनंद का अनुभव नहीं करेंगे, तब तक आपके अंदर वह प्रतिबद्धता, उत्साह और समर्पण-भावना विकसित नहीं होगी, जो उन कठिनाइयों, चुनौतियों तथा विफलताओं से ऊपर उठने के लिए आवश्यक है, जिनका सामना हर काम या कॅरियर में करना पड़ता है। अपनी विचार-शैली को विशुद्ध करने के लिए, अपनी आजीविका और अपने व्यक्तिगत जीवन में नियमित रूप से शून्य-आधारित विचार-शैली या चिंतन का अभ्यास करें। विश्लेषण का यह तरीका एक महत्त्वपूर्ण चिंतन कौशल है, जो शून्य-आधारित लेखा कर्म से आता है और अत्यंत शक्तिशाली चिंतन तकनीकों में से एक है, जिसे आप सीख सकते हैं और व्यवहार में ला सकते हैं।

इसके काम करने का तरीका एकदम सरल है। शून्य-आधारित लेखाकरण में आप प्रत्येक व्यय पर दृष्टि डालते हैं और पूछते हैं, "यदि हमें यह जानकारी है कि हम क्या जानते हैं तथा यह जानते हुए यह खर्च नहीं करते तो क्या आज पुनः शुरुआत कर पाएंगे?"

शून्य-आधारित विचार-शैली समतुल्य है। अपने सभी पिछले निर्णयों पर विचार करें और अपने आप से यह सवाल पूछें, "क्या मेरे

जीवन में कुछ ऐसा है, जो मैं आज कर रहा हूँ तथा अगर मुझे फिर से यही करना पड़े तो जो जानकारी अब मेरे पास है, उसके रहते मैं आज दुबारा इस चक्कर में नहीं पड़ूँगा ?''

यह सबसे उपयोगी सवालों में से एक है, जो सवाल आप कभी भी अपने आपसे पूछ सकते हैं और उत्तर दे सकते हैं। क्या आपके जीवन में कुछ ऐसा है, जो आज आप वही कर रहे हैं तथा अगर आपको फिर से वही करना पड़े तो उस जानकारी के रहते जो अब आपके पास है, आप आज दुबारा इस चक्कर में नहीं पड़ेंगे ?

सच तो यह है कि आज के जैसे उथल-पुथल से परिपूर्ण और तेजी से बदलते युग में, और संभवत: अपने शेष वृत्तिक जीवन अर्थात् कॅरियर में, आप अपने जीवन या कार्य के किसी क्षेत्र के संबंध में उस सवाल के जवाब में हमेशा 'हाँ' कह सकेंगे।

शून्य-आधारित विचार-प्रक्रिया को अपने वर्तमान कार्य में लागू करें। आप अब जो जानते हैं, उसके बावजूद क्या आप उन्हीं शर्तों के अधीन दुबारा यह कार्य करना चाहेंगे, जिन शर्तों के तहत आप अभी काम कर रहे हैं ? क्या आप यह नौकरी इस मालिक विशेष की खातिर काम करते हुए ग्रहण कर लेंगे ? क्या आप इस कंपनी के लिए काम करने जाएँगे ? इस उद्योग में ? इस वेतन पर ? या इस स्थिति में ? हाँ या ना!

अगर उत्तर नकारात्मक है तो आपका अगला प्रश्न यह होगा, ''मैं इस स्थिति को कैसे बदलूँ, और मैं कितनी जल्दी यह कर सकता हूँ ?'' इसके लिए आप जवाबदेह हैं।

अपनी आदर्श आजीविका से पहले आपको बहुत परिश्रम करना पड़ सकता है और आरंभ में आपसे अनेक गलतियाँ हो सकती हैं। लेकिन यह सारी शुरुआत तब होती है, जब आप आराम से बैठकर इस निर्णय की दिशा में विचार करते हैं कि किसी नौकरी या पेशे में आप वास्तव में क्या चाहते हैं ? और यह भी कि आप क्या नहीं चाहते हैं, और फिर

उस लक्ष्य को प्राप्त करने के लिए कदम उठाना।

अभी कदम उठाएँ

अपने आदर्श कार्य या पद के बारे में एक कल्पित सूची बनाएँ। इस कल्पना के साथ आरंभ करें कि आप जो-जो कर सकते हैं, उस पर कोई सीमा नहीं बाँधी गई है। सोचें कि सभी संभावनाएँ आपके लिए खुली हैं। सोच लें कि आपके पास पूरी शिक्षा है, सारी जानकारी है, सभी प्रकार का अनुभव है, समस्त संपर्क हैं और जरूरत का पूरा समय व धन है। अगर आपने कभी कोई कार्य या पद ग्रहण करने के बारे में निर्णय किया, तो कौन सा कार्य आप चुनना चाहेंगे?

उन विशिष्ट कदमों की दृष्टि से विचार करें, जो आप तत्काल उठा सकते हैं। सही-सही जो भी कार्य या पद आप वास्तव में ग्रहण करना चाहते हैं, उसके लिए स्वयं को तैयार करने तथा उस दिशा में बढ़ने के लिए आप अभी क्या कर सकते हैं? आपका जवाब जो भी हो, कुछ करो अवश्य। कुछ भी करो, लेकिन शुरुआत होनी चाहिए। इसके लिए आप जिम्मेदार हैं, आप जवाबदेह हैं।

□

2
सही कंपनी चुनें

''चयन आपका है। पतवार आपके हाथ में है। आप नौका को उस दिशा में मोड़ सकते हैं, जहाँ आप पहुँचना चाहते हैं—आज, कल या दूर भविष्य में किसी समय।''

—डब्ल्यू. क्लेमेंट स्टोन

निरंतर और तेजी से हो रहे परिवर्तन के इस दौर में कुछ उद्योग विकसित एवं विस्तृत हो रहे हैं तथा हजारों लोगों को खपा रहे हैं। ये उद्योग औसत व्यक्ति की अपेक्षा अधिक तीव्रता से आगे बढ़ने की चाह रखनेवाले पुरुषों एवं महिलाओं के लिए अविश्वसनीय अवसर प्रदान कर रहे हैं।

इसी बीच, अनेक दूसरे उद्योग या तो धराशायी हो गए हैं या आर्थिक महत्त्व और रोजगार के मामले में उनकी साख वास्तव में बहुत कम होती जा रही है। ये उद्योग उन लोगों की जगह दूसरों की भरती कर रहे हैं, जो काम छोड़कर चले जाते हैं या रिटायर हो जाते हैं; लेकिन ऑटोमेशन, नई प्रौद्योगिकी, उपभोक्ता की बदलती पसंद-नापसंद और प्रतिस्पर्धा के परिणामस्वरूप ये उद्योग आनेवाले समय में पनप नहीं सकेंगे। अतः, यदि आपको किसी बड़े सफल कॅरियर की तलाश है, तो आपका सबसे

पहला काम होगा—उच्च विकसित उद्योगों को निम्न विकसित उद्योगों से अलग करना।

आप किसी उच्च विकसित उद्योग में दो-चार वर्ष के अंदर ही अधिक पारिश्रमिक पाने और जल्दी-जल्दी तरक्की हासिल करने की दिशा में बहुत अधिक प्रगति कर सकते हैं; जबकि धीमी गति से विकसित हो रहे उद्योग में आपको यह सब प्राप्त करने में पाँच या दस साल लग जाएँगे। बहुत लोगों का समस्त जीवन सिर्फ इतना करने से ही बदल जाता है कि वे सड़क के पार जाकर अर्थव्यवस्था के अधिक तेजी से विकसित हो रहे किसी क्षेत्र में भिन्न कंपनी में कोई अलग किस्म का काम ले लेते हैं।

अपनी प्रतिभाओं और क्षमताओं के विशेष संयोजन को, धन की तरह, एक बहुमूल्य साधन के रूप में देखें और काम-धंधे की मंडी को एक ऐसा स्थान समझें, जहाँ आप बहुत ऊँचा प्रतिफल प्राप्त करने के उद्‌देश्य से पूँजी के रूप में स्वयं को लगाने जा रहे हैं। अपनी मानसिक, भावनात्मक और भौतिक ऊर्जा को अपनी मानवीय पूँजी समझें, जिसे इस तरह विनियोजित करना होता है कि आपको उससे अधिकतम अदायगी मिल सके। जब आप अपना जीवन और अपना कार्य किसी कंपनी विशेष या किसी उद्योग विशेष के सुपुर्द करते हैं, तब आपको पूर्णतया स्वार्थी हो जाना चाहिए।

जब आपको उचित कंपनी में उचित कार्य मिल जाए, उस स्थिति में आपको चाहिए कि उस कार्य को आप अपने पूरे मन से करें और श्रेष्ठ तरीके से करें। निरंतर ऐसे उपायों की खोज करते रहें, जो आपका मूल्य बढ़ाने में मददगार साबित हों। इस रणनीति पर चलकर आप ऐसी अनुकूल स्थिति में पहुँच जाएँगे, जो आपको महीनों और वर्षों पहले अधिक वेतन तथा शीघ्र-से-शीघ्र पदोन्नति दिला सकेगी।

अभी कदम उठाएँ !

आज नौकरियों और आजीविका के बाजार में अपने चारों ओर देखें। उन कंपनियों और उद्योगों की पहचान करें, जिन्हें उनके नए उत्पादों, प्रक्रियाओं और विकास दरों के कारण खबरों में सबसे ज्यादा स्थान दिया जा रहा है। फैसला करें कि क्या उनमें से कोई कंपनी आपको अच्छी प्रतीत होती है, आपको आकृष्ट करती है, आपको अपनी तरफ खींचती है ?

अपनी तरफ से खोज करें। समाचार-पत्रों, पत्रिकाओं और पुस्तकालयों में छानबीन करें। इंटरनेट पर खोज करें। शक्ति ज्ञान-संपन्न व्यक्ति की ओर खिंची चली आती है। फिर उन लोगों से बात करें, जो वैसी या उसी प्रकार की कंपनियों में काम करते हैं, जो आपको आकर्षक लगती हैं। किसी पद के लिए आवेदन करें और पूछें कि उस व्यवसाय में सफल होने के लिए किसी व्यक्ति के पास किन कुशलताओं या क्षमताओं का होना आवश्यक है। खोज की यह प्रक्रिया आपका पूरा जीवन बदल सकती है।

□

3
सही बॉस चुनें

"व्यक्ति के पास सबसे बड़ी शक्ति चयन करने की शक्ति होती है।"

—जे. मार्टिन कोहे

आपके द्वारा सही बॉस का चयन किया जाना आपके कॅरियर में सहायक हो सकता है और आप किसी भी अन्य बात के अलावा एक मायने में अवश्य आश्वस्त हो सकते हैं कि आप अधिक परिश्रमिक पाएँगे तथा आपकी तरक्की भी जल्दी-जल्दी होगी।

कोई नौकरी लेना किसी व्यावसायिक वैवाहिक गठबंधन में प्रवेश करने जैसा होता है, जहाँ आपका बॉस आपका 'व्यावसायिक पति या पत्नी' की हैसियत रखता है। बॉस चाहे स्त्री हो या पुरुष, आपके जीवन का हर पहलू उससे बहुत अधिक प्रभावित होगा। आपको कितना वेतन मिलता है, आप अपने काम से कितने खुश हैं और आपकी पदोन्नति कितनी जल्दी होती है—इन सब पक्षों पर आपके बॉस का प्रभाव दिखेगा।

जब आप किसी काम की तलाश में हों, आपको अपने संभावित बॉस (नियोक्ता) से ढेरों सवाल पूछने चाहिए। आपको पक्का विश्वास होना चाहिए कि यही व्यक्ति है, जिसके साथ और जिसके लिए काम

करने में आपको खुशी मिलेगी। स्वयं को आश्वस्त कर लें कि यही आपकी पसंद का व्यक्ति है, जिसका आप आदर कर सकेंगे और सम्मान के साथ उसकी ओर देख सकेंगे। आपको यकीन होना चाहिए कि यही वह व्यक्ति है, जिसे आप मित्रवत् एवं सहायक पाते हैं और जिस पर आप विश्वास कर सकते हैं कि उसकी मदद से आप अपने कॅरियर में बहुत तीव्रता से आगे बढ़ सकते हैं।

व्यवसाय या उद्योग कोई भी हो, उच्च कोटि के मालिकों (मालिक अर्थात् बॉस या नियोक्ता) में कुछ गुण समान होते हैं। सबसे पहली बात, अच्छे बॉस में ऊँचे दर्जे की ईमानदारी होती है। वे जब भी कोई वादा करते हैं तो उसको पूरा अवश्य करते हैं। वे जब कहते हैं, वे कुछ करेंगे तो वे ठीक वैसा ही करते हैं, जैसा उन्होंने कहा था कि वे करेंगे। अगर वे आपसे वेतन वृद्धि का वादा करते हैं तो वे ठीक समय पर अपना वचन अवश्य निभाते हैं।

अच्छा बॉस जब कोई कार्य आपको समझाता है तो बहुत स्पष्ट शब्दों में उसका वर्णन करता है। अच्छे बॉस जल्दबाजी नहीं करते, बल्कि यह सुनिश्चित करना अपना कर्तव्य समझते हैं कि आपसे जो काम करने, जिस स्तर का काम करने तथा जिस समय सीमा के अंदर कार्य पूरा करने की अपेक्षा की जाती है, उसे आपने बहुत अच्छी तरह समझ लिया है। वे आपसे आपके सुझाव और आपकी विशिष्ट जानकारी माँगते हैं और काम कराने के नए तथा बेहतर उपायों को जानने-समझने के लिए सदैव तत्पर रहते हैं तथा अपनी दृष्टि खुली रखते हैं।

श्रेष्ठ बॉस अपने कर्मचारियों का सदैव लिहाज करते हैं और उनके बारे में सोचते हैं। इसका मतलब है कि वे न केवल एक व्यक्ति बल्कि एक कर्मचारी के रूप में भी आपको पसंद करते हैं। वे आपके व्यक्तिगत जीवन और आपके परिवार में भी रुचि लेते हैं। वे उन बातों को जानना चाहते हैं, जो आपसे वास्ता रखती हैं और जिनका काम करते समय

आपकी विचार-प्रक्रिया तथा अनुभूति पर असर पड़ता है।

इसका तात्पर्य यह नहीं है कि एक अच्छा बॉस कोई गलतियाँ माफ करनेवाला पिता या माता के समान है या आपकी आया के समान। किंतु एक अच्छा बॉस आपको एक संपूर्ण व्यक्ति के रूप में देखता है। वह समझता है कि आपका अपने कामकाजी जीवन से भी अलग एक जीवन है।

आपका संबंध अपने बॉस के साथ कैसा है, इसका अनुमान आप इस बात से ही लगा सकते हैं कि अपने से जुड़ी समस्याओं के बारे में अपने बॉस के साथ ईमानदारी से, खुलकर और आमने-सामने बात करते हुए आप कितना मुक्त महसूस करते हैं! जब आप अपने बॉस को आते हुए देखते हैं, उस समय आपको घबराहट होने या असुरक्षित महसूस करने की बजाय आत्म-विश्वास एवं खुशी की अनुभूति होनी चाहिए।

सबसे अच्छी कसौटी तो यह है कि जब आप सही कार्य में, सही बॉस के साथ काम कर रहे होते हैं, तब आप स्वयं को प्रसन्न एवं तनाव-मुक्त महसूस करते हैं। आप स्वयं को प्रसन्नचित्त पाते हैं और एक व्यक्ति तथा एक कर्मचारी के रूप में भी मूल्यवान् एवं महत्त्वपूर्ण महसूस करते हैं।

एक श्रेष्ठ, उच्च कोटि के बॉस के लिए काम करना अधिक वेतन तथा जल्दी उन्नति पाने का एक अच्छा उपाय है। और ऐसे बॉस एक नहीं, अनेक हैं।

अभी कदम उठाएँ !

उत्कृष्ट बॉस के बारे में आज ही सोचें। विगत में आपको जो-जो श्रेष्ठ बॉस या शिक्षक मिले हैं, उनके बारे में सोचें। उनके गुणों एवं व्यवहार में पाई गई समानताओं पर विचार करें। आपके आदर्श बॉस की कल्पना आपके वर्तमान बॉस से कितना मेल खाती है!

अगर आप आवश्यक समझते हैं तो अपने बॉस के साथ अपना संबंध सुधारने की दिशा में पहल करें। अपने मालिक या बॉस, चाहे महिला हो या पुरुष, सीधे उसके पास जाएँ और उसे ईमानदारी से तथा सीधे तौर पर बता दें कि आपको अधिक कारगर बनाने के लिए वह क्या कर सकता है या उसे क्या नहीं करना चाहिए। अपने बॉस को बता दें कि आपको अधिक खुशहाल बनाने तथा कंपनी के प्रति बेहतर योगदान करने योग्य बनाने में वह आपकी क्या मदद कर सकते हैं। अधिकतर बॉस इस प्रकार की सकारात्मक प्रतिक्रिया बड़े खुले मन से ग्रहण करते हैं, बशर्ते कि इसके पीछे सहायता करने की भावना हो, न कि प्रहार करने या आलोचना करने का इरादा।

□

4

सकारात्मक सोच विकसित करें

"प्रत्येक व्यक्ति अपने अस्तित्व के नियम के अनुसार वहाँ है, जहाँ उसे होना चाहिए। उसने अपने चरित्र में जो विचार डाले हैं, वे ही उसे वहाँ लाए हैं।"

—जेम्स एलन

मनोवैज्ञानिक सिडनी जॉरार्ड के अनुसार, आपका 85 प्रतिशत कार्य आपकी सोच और आपके व्यक्तित्व से निर्धारित होता है। आपकी प्रगति आप कितना पाते हैं और कितनी जल्दी आपकी पदोन्नति होती है, सब इस बात पर निर्भर करता है कि कितने लोग आपको पसंद करते हैं और आपकी सहायता करना चाहते हैं।

हमेशा शिकायत और आलोचना करनेवालों की अपेक्षा उन लोगों को अधिक पसंद किया जाता है और सम्मान दिया जाता है, जो हर समय प्रसन्नचित्त और आशावादी रहते हैं। आपके कॅरियर में आपकी सफलता के सर्वाधिक महत्त्वपूर्ण निर्धारकों में से एक यह है कि दूसरों के साथ आप कितनी अच्छी तरह निभा पाते हैं और एक टीम के सदस्य के रूप में आपका कार्य कितना अच्छा साबित होता है। आपका वेतन और आपकी पदोन्नति बहुत हद तक इस बात पर निर्भर करेगी कि अपने कॅरियर के

प्रत्येक चरण पर आप दूसरों के साथ कितना अधिक सहयोग करते हैं।

सर्वश्रेष्ठ खिलाड़ी वे ही उभरकर सामने आते हैं, जो सदैव खुश रहते हैं, सकारात्मक सोच रखते हैं और अपने सहकर्मियों के समर्थक होते हैं। उनके अंदर उच्च कोटि की परानुभूति और मुरव्वत होती है। इसी प्रकार के लोग होते हैं, जिनके आस-पास दूसरे लोग रहना चाहते हैं, साथ में काम करना चाहते हैं और आगे बढ़ने के लिए जिनकी मदद करना चाहते हैं।

सकारात्मक सोच रखनेवाले, मित्रवत् व्यक्ति को वरिष्ठ अधिकारी बहुत जल्द पहचान लेते हैं। वे उसकी सराहना ही नहीं करते बल्कि उस पुरुष या महिला कर्मचारी के कॅरियर को आगे बढ़ाने में मददगार भी हो सकते हैं। इसके अलावा, एक सकारात्मक व्यक्ति को सहकर्मियों तथा स्टाफ से सहायता एवं समर्थन भी अधिक मिलता है। अधिक सकारात्मक सोचवाला व्यक्ति ऊर्ध्वमुखी दबाव का अनुभव करता है और यही दबाव उसे अधिक तीव्र गति से आगे बढ़ने के लिए प्रेरित करता है।

आपकी मानसिकता वास्तव में कितनी सकारात्मक है, इसका निर्धारण करने की एक महत्त्वपूर्ण कसौटी यह है कि दबाव में रहकर आप कैसा कार्य करते हैं। जब सबकुछ ठीक चल रहा हो, उस स्थिति में कोई भी सकारात्मक एवं दृढ़ निश्चयी, हो सकता है। लेकिन समस्याओं और विफलताओं से सामना होने पर ही आप न केवल खुद को, बल्कि आस-पास के हर व्यक्ति को यह दिखा सकते हैं कि आप वास्तव में किस मिट्टी के बने हुए हैं। आपने यह कहावत तो सुनी ही होगी कि "जब स्थिति दुष्कर हो जाती है, उस समय हठी व्यक्ति आगे बढ़ने की ठान लेता है।"

सकारात्मक सोच रखनेवाला व्यक्ति प्रत्येक व्यक्ति तथा प्रत्येक स्थिति में कुछ-न-कुछ अच्छाई खोजने की कोशिश करता है। वह व्यक्ति महिला हो या पुरुष, हर समस्या में कुछ सकारात्मक या रचनात्मक

खोजने, अथवा कुछ महत्त्वपूर्ण सीख पाने का प्रयत्न करता है। प्रत्येक कठिनाई या विफलता में कुछ-न-कुछ अच्छा देखने की आदत आपको आशावादी और प्रसन्नचित्त बनाए रखती है। यह सोच आपको भविष्य के प्रति आशावादी और कार्योन्मुखी बनाए रखती है, बजाय इसके कि आप पीछे मुड़कर देखते रहें या पिछले कर्मों को दोष देते रहें।

सौभाग्यवश, ऐसा रचनात्मक दृष्टिकोण एक आदत है, जिसे आप अभ्यास से विकसित कर सकते हैं। सकारात्मक मानसिकता कुछ ऐसी चीज है, जिसे आप प्रत्येक दिन सकारात्मक रहने का संकल्प दोहराकर सीख जाते हैं, विशेषकर जब इसकी सर्वाधिक आवश्यकता हो।

अभी कदम उठाएँ !

आज ही निर्णय करें कि आप अपने कार्य और अपने व्यक्तिगत जीवन में पूर्णतया सकारात्मक व्यक्ति बनने जा रहे हैं। स्थिति ठीक-ठाक न चल रही हो तो उस दौर में भी आलोचना करने, शिकायत करने या भर्त्सना करने से मना कर दें। दूसरे लोगों के बारे में या अपनी कंपनी के किसी पहलू के बारे में दोष निकालने, गप्प लड़ाने या शिकायत करने से परहेज करें।

आज ही ठान लें कि आप अपने कार्य में 'इक्कीस दिवसीय सकारात्मक मनोवृत्ति का आहार योजना' अपनाएँगे। इस अवधि के दौरान चाहे कुछ भी हो, पूरे दिन पूर्णतया सकारात्मक एवं रचनात्मक बने रहने का अभ्यास करें। किसी कठिनाई या समस्या के बारे में प्रतिक्रिया या प्रत्युत्तर देने के पहले दस तक गिनें। हर स्थिति में कुछ अच्छा कहने की खोज करें।

इक्कीस दिनों का अभ्यास समाप्त होने पर आपके अंदर एक नई आदत जन्म ले चुकी होगी, जो जीवन भर आपके काम आएगी। □

5

सफल छवि बनाएँ

''अधिकतर लोग अत्यधिक विज़ुअल हैं, अतः वे आपकी बाहरी दिखावट के आधार पर आपके बारे में धारणा बनाते हैं; ठीक उसी तरह जैसे आप उनके बारे में धारणा बनाते हैं।''

—ब्रायन ट्रेसी

भूमिका देखें! अगर आप एक बड़ा सफल व्यक्ति बनना चाहते हैं, चाहते हैं कि लोग आपको स्वीकार करें, आपका सम्मान करें तो आपको उस प्रकार का व्यक्ति दिखना चाहिए, जिसके प्रति दूसरे लोग श्रद्धा एवं आदर प्रकट कर सकें और जिससे दूसरे लोग जुड़ सकें।

बड़े ही आश्चर्य की बात है कि बहुत लोग अपनी बाहरी दिखावट के प्रति अनजान बने रहकर या उस पर ध्यान न देकर सालोंसाल किस तरह स्वयं को रोके रहते हैं। किसी भी व्यक्ति ने कभी उनको एक तरफ ले जाकर यह बताने की पहल नहीं की है कि अधिक वेतन पाने तथा जल्दी-जल्दी तरक्की हासिल करने की दृष्टि से उनके लिए अपनी पोशाक तथा बाहरी सजावट पर ध्यान देना कितना आवश्यक है।

कारोबार में व्यावसायिक छवि के विषय पर अनगिनत लेख और पुस्तकें लिखी जा चुकी हैं। मैंने खुद वर्षों तक इस विषय का अध्ययन

किया हैं और हजारों पुरुष एवं महिलाओं को छवि बनाने तथा वेशभूषा के बारे में पढ़ाया है। मैंने ऐसी अनेक स्थितियाँ देखी हैं, जहाँ किसी की व्यक्तिगत शक्ल-सूरत एवं दिखावट में थोड़ा सा परिवर्तन करने भर से नौकरी मिलने या पदोन्नति प्राप्त होने के अवसर बहुत अधिक बढ़ गए। आपकी बाहरी दिखावट का इस बात पर बहुत प्रभाव पड़ता है कि आप कितना आगे जाते हैं और कितनी जल्दी वहाँ पहुँचते हैं।

लोग—शुरू-शुरू में तो अवश्य ही—आपकी बाहरी वेशभूषा एवं शक्ल-सूरत से आपके बारे में अनुमान लगाते हैं। पहला-पहला अच्छा प्रभाव छोड़ने का अवसर दुबारा कभी नहीं मिलता है। आप जो पहली छाप छोड़ते हैं, उसमें 95 प्रतिशत हिस्सा आपकी बाहरी शक्ल-सूरत, आपके पहनावे एवं आपके सजने-सँवरने की शैली का होता है और इन मूल सिद्धांतों का निर्णय केवल आपके ऊपर निर्भर करता है।

आपको शायद पता हो या न हो, जब आप यह निर्णय लेते हैं कि कौन से कपड़े आप पहनेंगे और किस तरह बन-ठनकर निकलेंगे, उस समय आप वास्तव में दुनिया पर व्यक्तिगत प्रभाव छोड़ने के बारे में सोच रहे होते हैं। आप दूसरों को जताते हैं कि आपकी अपने बारे में क्या धारणा है और आप दूसरों को संकेत देते हैं कि वे आपका मूल्यांकन किस प्रकार करें और आपके साथ कैसा बरताव करें। चूँकि अपनी पोशाक का चयन आप स्वयं करते हैं, अतः जो भी संदेश आप भेजते हैं, उसके लिए आप स्वयं जिम्मेदार हैं।

संप्रेषण विशेषज्ञों का कहना है कि लोग पहले चार सेकंड में आपके बारे में अनुमान लगाते हैं और फिर अगले तीस सेकंड में वे आपके बारे में अपनी राय पक्की कर लेते हैं। जब लोग आपसे पहली बार मिलते हैं तो आप किस प्रकार का प्रभाव छोड़ने का प्रयास कर रहे होते हैं? आप आदर्शतः किस प्रकार का प्रभाव बनाना चाहेंगे? पहले प्रभाव को और बेहतर बनाने के उद्देश्य से आप क्या-क्या परिवर्तन करना पसंद करेंगे?

आपको चाहिए कि आप अपने काम तथा अपनी कंपनी के नजरिए से हमेशा सफलता पाने के लिए वेशभूषा का चयन करें और सुनिश्चित कर लें कि आपके व्यवसाय या उद्योग का इस विषय में क्या विचार है। सफल वेशभूषा क्या होती है, इसका निर्धारण करने के लिए अपनी कंपनी में शीर्षस्थ लोगों पर दृष्टि डालने से शुरुआत करें। अखबारों और पत्रिकाओं में उन पुरुषों एवं महिलाओं के चित्रों पर नजर डालें, जिन्हें आपकी कंपनी में और अधिक वेतन के साथ उच्चतर जिम्मेदारी के पदों पर प्रोन्नत किया जा रहा है। स्वयं को ऐसे ही लोगों के साँचे में ढालें—अर्थात् नेतृत्व प्रदान करनेवालों का अनुकरण करें, पिछलग्गुओं का नहीं।

नियम कहता है कि आपको हमेशा अपने वर्तमान पद से दो सीढ़ी ऊपर के पदों को ध्यान में रखते हुए पोशाक धारण करनी चाहिए। जब आप किसी अधिक ऊँचे पद पर तैनात व्यक्ति जैसे लगने लगते हैं तो कार्य में आपके भविष्य का निर्धारण करनेवाले लोगों की आपके बारे में ऐसी धारणा बनने लगती है, जैसे आप किसी उच्चतर स्तर पर काम कर रहे हों। वे आपके बारे में सोचने लग जाते हैं कि आप और अधिक ऊँची पदोन्नति पाने की योग्यता रखते हैं।

व्यवसाय में विशिष्ट रंग और संयोजन दूसरों की अपेक्षा अधिक प्रभावशाली सिद्ध होते हैं। इसके अलावा, विशिष्ट वस्त्रों और आनुषंगिक साज-सामान से अधिकार एवं सक्षमता का संदेश जाता है। अलग-अलग उद्योग और अलग-अलग कंपनियों में इनमें विभिन्नता पाई जाती है।

आपको व्यावसायिक छवि पर कोई अच्छी पुस्तक खरीदकर आद्योपांत पढ़नी चाहिए। ऐसी ही एक पुस्तक है जॉन मॉलॉय की लिखी हुई 'ड्रेस फॉर सक्सेस'। इस पुस्तक को पढ़ने के बाद इसकी सिफारिशों को अपने बाह्य रूप-रंग के हर पहलू में अपनाएँ। किसी भी बात को संयोग पर न छोड़ें।

नियम : ''यदि आप एक ऐसे व्यक्ति हैं, जिसका कोई भविष्य है तो कभी ऐसे व्यक्ति की तरह पोशाक धारण न करें, जिसका कोई भविष्य नहीं।''

आजकल अनौपचारिक पोशाक के बारे में बहुत चर्चा होती है और आश्चर्य व्यक्त किया जाता है कि व्यवसाय में पोशाक के लिए स्वीकार किए गए मानदंड कितने बदल गए हैं। इस बहस में बहुत कुछ केवल आंशिक रूप से सच है या बिलकुल भी सच नहीं है। यहाँ तक कि 'सिलिकॉन वैली डॉट-कॉम' का वह अधिकारी भी, जो वेशभूषा के प्रति अत्यंत विरत या लापरवाह प्रतीत होता है, अपने पास एक सूट अवश्य रखता है, ताकि जब कोई ग्राहक या बैंकर आने वाला हो तो वह तुरंत अपना सूट पहन ले।

अनौपचारिक पोशाक उन कर्मचारियों के लिए ही उपयुक्त रहती है, जिनका ग्राहक से बहुत कम संपर्क होता है और उन लोगों के लिए भी ठीक है, जो लोग कंपनी की समृद्धि पर सिर्फ अप्रत्यक्ष प्रभाव रखते हैं। अनेक कंपनियों में अंदरूनी स्टाफ को डाँट-फटकार लगाने की छूट देने का उपयोग अतिरिक्त वेतन एवं पदोन्नति के एवज में किया जाता है। इस क्षेत्र में आपको सावधानी एवं सूझ-बूझ से काम लेना चाहिए, क्योंकि यह बात आप पर भी लागू होती है। लीडर्स अर्थात् नेतृत्व करनेवालों का अनुसरण करें, अनुचरों का नहीं।

ऐसे व्यक्ति की भाँति वस्त्र पहनें, जो जीवन में किसी मंजिल की तरफ जा रहा है। अगर आपके आस-पास सभी लोग अनौपचारिक वेशभूषा में हों और आप उसके बजाय विशिष्ट पोशाक धारण करने का निर्णय करें तो आप क्या समझते हैं, कौन सबसे अलग खड़ा होगा और एक ऐसे काफी संजीदा इनसान की तरह प्रतीत होगा, जो एक महान् भविष्य की कल्पना कर रहा है?

वरिष्ठ अधिकारी अपने उन कर्मचारियों पर गर्व करना चाहते हैं,

जिन्हें वे अपने ग्राहकों तथा दूसरे लोगों से परिचित कराते हैं। जब आप अच्छी तरह सजने-धजने पर विशेष ध्यान देते हैं, तब आप उन लोगों को अधिक सक्षम एवं योग्य दिखने लगते हैं, जो आपके कॅरियर में आपकी सहायता कर सकते हैं। आपको चाहिए कि आप उस व्यक्ति की तरह अपने परिधान और अपने सजने-सँवरने पर ध्यान दें, जिसे कोई वरिष्ठ अधिकारी दूसरे वरिष्ठ अधिकारी के सामने आपकी कंपनी के प्रतिनिधि के रूप में पेश करने पर खुशी का अनुभव करेगा।

काम पर रहते हुए सदैव विजेता की तरह दिखने का प्रयास करें। काम करते समय ऐसी मुद्रा अपनाएँ, मानो आप कोई मूल्यवान् एवं महत्त्वपूर्ण व्यक्ति हों। आपकी बाहरी दिखावट, चाल-ढाल एवं हाव-भाव उस व्यक्ति जैसे होने चाहिए, जो एक शानदार भविष्य के सपने देखता है और इस कंपनी के साथ कहीं जा रहा है। कोई चाहे कुछ भी कहे, मनुष्यों पर दूसरे लोगों की बाहरी शक्ल-सूरत और पोशाक का बहुत प्रभाव पड़ता है। आपका लक्ष्य स्वयं को इस प्रकार प्रस्तुत करना है, जिससे कि प्रत्येक कारोबारी स्थिति में आप सक्षम तथा आत्म-विश्वास से परिपूर्ण नजर आएँ।

यह कभी न भूलें कि आप महत्त्वपूर्ण व्यक्ति हैं और आपके सामने भविष्य की असीम संभावनाएँ बिखरी पड़ी हैं। महत्त्व इस बात का है कि जो भी आपसे पहली बार मिलता है और उसके बाद जब-जब आपसे मिलता है, इस तथ्य, इस सच्चाई को स्वीकार करता है।

अभी कदम उठाएँ !

आज ही संकल्प लें कि आपका पहनावा, आपकी सज-धज ऐसी होगी और हर तरह से आप ऐसे दिखेंगे, मानो आप पहले ही वह बड़ी सफलता प्राप्त कर चुके हों, जो सफलता पाने का इरादा आप रखते हैं। अपनी कंपनी में अपने चारों ओर अत्यंत सफल लोगों को देखें और

स्वयं को उनके जैसा ढालने का प्रयास करें। जो लोग भर्त्सना करते हैं, उनपर बिलकुल भी ध्यान न दें, बल्कि प्रत्येक दिन ऐसे सजे-धजे रहें, जैसे दोपहर के बाद आप किसी नौकरी के सिलसिले में साक्षात्कार के लिए जाने वाले हैं।

आज ही बाहर जाएँ या इंटरनेट पर जाएँ और पोशाक, शैली अर्थात् फैशन, वस्त्र तथा बनाव-शृंगार पर कम-से-कम एक अच्छी पुस्तक खरीदें। रंग-संयोजन तथा सहायक वस्तुओं के बारे में जानें। अपनी वर्तमान अलमारी या तोशखाने की जाँच करें और उन कपड़ों से छुटकारा पाएँ, जो अब उस संदेश के अनुकूल नहीं हैं, जो संदेश आप भेजना चाहते हैं।

□

6

शुरुआत जल्दी करें, अधिक-से-अधिक परिश्रम करें और बाद में भी कायम रहें

''जीवन का लक्ष्य जीवन है। जीवन ही कर्म है। अपनी शक्तियों का प्रयोग और उन शक्तियों का उनकी चरम सीमा तक प्रयोग करना ही हमारी खुशी और हमारा कर्तव्य है।''

–अज्ञात

कठिन परिश्रम के प्रति प्रतिबद्ध रहें। यदि आपकी प्रतिष्ठा एक कर्मठ और काम करानेवाले व्यक्ति के रूप में बन जाती है, तभी अपने कामकाजी जीवन में आप बहुत जल्द महत्त्वपूर्ण लोगों की नजर में चढ़ जाएँगे, अन्यथा नहीं।

एक कठोर परिश्रमी कोई समाज-विरोधी व्यक्तित्व या कोई जोर-जबरदस्ती, विवश होकर आगे बढ़नेवाला ऐसा व्यक्तित्व नहीं होता है, जो काम के दबाव और अधिक काम से हाँफ उठता है। बल्कि एक कठोर परिश्रम करनेवाला व्यक्ति समय नष्ट नहीं करता है। महिला हो या पुरुष, वह काम करते समय एक-एक पल का हिसाब रखता है। उसकी

प्राथमिकताएँ स्पष्ट होती हैं। वह पूरे दिन निरंतर काम करता है और कंपनी के प्रति एक महत्त्वपूर्ण योगदान करने के लिए प्रतिबद्ध रहता है।

प्रत्येक संगठन में सबसे अधिक परिश्रम करनेवालों को हर कोई जानता है। यही वे लोग होते हैं, जिन्हें किसी भी कंपनी में सदैव अत्यधिक सम्मान दिया जाता है। इन्हें लगभग हमेशा ही अधिक वेतन दिया जाता है और जल्दी-जल्दी पदोन्नति दी जाती है—और इसके पीछे सभी उचित कारण होते हैं। वे कम समय में अधिक काम करा लेते हैं। वे अपने वेतन में प्राप्त प्रत्येक डॉलर के प्रति अपेक्षाकृत अधिक योगदान करते हैं। यही कारण है कि कंपनी उन्हें अधिक मूल्यवान् समझती है और अधिक महत्त्व देती है। कंपनी उन्हें बेहतर निवेश मानती है। वे बेहतर मिसाल कायम करते हैं उनके बॉस उनपर गर्व करते हैं तथा किसी भी अन्य व्यक्ति की तुलना में उनपर अधिक गर्व करते हैं और उन्हें अपने साथ बनाए रखना चाहते हैं।

अपनी कंपनी में अत्यंत मूल्यवान् और प्रभावशाली व्यक्तियों में से एक बनने के लिए आपको केवल इतना करना होगा कि प्रत्येक दिन दो घंटे अतिरिक्त काम करें। यह दो घंटे का समय आप इस प्रकार निकाल सकते हैं कि एक घंटा पहले आएँ और बाद में एक घंटा रुकें। इससे आपका दिन तो जरूर लंबा खिंच जाएगा, लेकिन आपके कॅरियर को बहुत तेज गति मिल जाएगी।

दक्षता विशेषज्ञों ने निष्कर्ष निकाला है कि आपके द्वारा किसी विघ्न-बाधा के बिना किया गया एक घंटे का कार्य आपके तीन घंटे के ऑफिस कार्य के बराबर होता है। सच यह है कि व्यवधान और विघ्न-बाधाओं के कारण ऑफिस में आप काम, विशेषकर रचनात्मक काम, बहुत कम करा पाते हैं। आप निरंतर ऐसा समय निकालने की फिराक में रहते हैं, जब आप बिना रुके काम कर सकें। यह अतिरिक्त समय आपको तभी मिल सकता है, जब आप किसी और के आने से एक घंटा पहले आएँ; दूसरे लोग जब लंच के लिए बाहर गए हों, उस दौरान आप काम करें

और जब दिन का काम करके दूसरे लोग घर चले गए हों, उसके बाद भी आप कुछ समय तक रुककर काम करें।

प्रत्येक क्षेत्र में शीर्षस्थ लोग औसत व्यक्ति के मुकाबले अधिक समय तक काम करते हैं। अमेरिका में धन कमानेवाले शीर्षस्थ 10 प्रतिशत लोग प्रति सप्ताह पचास घंटों से भी अधिक काम करते हैं। सर्वाधिक वेतन पानेवाले 1 प्रतिशत अमेरिकी औसतन पचास-साठ घंटे प्रति सप्ताह काम करते हैं। और इससे अधिक महत्त्वपूर्ण बात यह है कि वे सारे समय काम-ही-काम करते हैं। वे समय नष्ट नहीं करते। वे काम पर जल्दी आते हैं और आते ही अपने अत्यावश्यक काम में जुट जाते हैं। वे सारा दिन लगातार काम करते रहते हैं। वे मित्रवत् अवश्य होते हैं, किंतु वे अपने सहकर्मियों के बीच छोटी-मोटी बातें करने या गपशप लड़ाने में समय खर्च नहीं करते हैं।

यही लक्ष्य आपका होना चाहिए। जब तक आप काम पर रहते हैं, पूरा समय काम करने में लगाएँ। करने का मतलब यह नहीं है कि आप कपड़े सुखाना, वैयक्तिक फोन करना, अखबार पढ़ना या अभी हाल के फुटबॉल गेम या टेलीविजन कार्यक्रम के बारे में बात करना भूल जाएँ। काम के समय में सिर्फ काम करें।

कल्पना करें कि आपकी कंपनी किसी बाहरी फर्म को बुलाकर यह विश्लेषण कराना चाहती है कि कंपनी में कार्यरत कर्मचारियों में से सबसे कठोर परिश्रम कौन करता है, दूसरे नंबर का कठोर परिश्रमी कौन है और यह सिलसिला उस व्यक्ति की पहचान करने तक पहुँचे, जो बिलकुल भी काम नहीं करता है। आपका लक्ष्य इस काल्पनिक मुकाबले को जीतना है। आपको पूरी कंपनी में सबसे अधिक परिश्रमी व्यक्ति का मुकाम हासिल करके दिखाना है। इस काल्पनिक स्पर्धा को जीतने से आपकी जो प्रतिष्ठा बनेगी, वह आपको अधिक पारिश्रमिक तथा तीव्र पदोन्नति दिलाने में किसी भी अन्य उपलब्धि से अधिक सहायक होगी। और यह स्पर्धा हर दिन जारी है, भले ही किसी ने आपको इसके बारे में

बताया हो या न बताया हो।

यदि कोई सहकर्मी आपसे बातें करना चाहे या जो काम आप कर रहे हैं, उस काम से आपका ध्यान हटाने की कोशिश करे तो विनम्र बने रहकर उसे पूरी गंभीरता से कह दें कि फिलहाल आप वास्तव में बहुत व्यस्त हैं। उसे बाद में मिल बैठने का सुझाव दें। फिर, प्रसन्नतापूर्वक मुसकराएँ और कहें, ''ठीक है, अभी मुझे काम निबटाना है।''

इन शब्दों को बार-बार दोहराते रहें, 'वापस काम पर! वापस काम पर! वापस काम पर!'

इन शब्दों को निरंतर दोहराने से आपको टाल-मटोल पर काबू पाने की प्रेरणा मिलेगी, आप अपने कार्य पर पूरा ध्यान लगा सकेंगे और अपने व्यवसाय में आप उपयोगी एवं महत्त्वपूर्ण व्यक्ति बन जाएँगे तथा सबका ध्यान आपकी ओर जाएगा।

अभी कदम उठाएँ !

आज ही संकल्प करें कि आप अपनी कंपनी में सर्वाधिक कर्मठ एवं परिश्रमी व्यक्ति बनने जा रहे हैं। अपनी समय-सारणी को पुनः व्यवस्थित करें, ताकि किसी भी अन्य व्यक्ति से एक घंटा पहले आएँ और आते ही काम शुरू कर दें। किसी को भी न बताएँ कि आप क्या कर रहे हैं। जो लोग आपके लिए अत्यधिक महत्त्व रखते हैं, बहुत शीघ्र उनका ध्यान आपकी तरफ जाएगा।

जब तक काम पर रहें, सारा समय काम में लगाएँ। बीच-बीच में कॉफी के लिए उठने और लंच करने के समय में कमी करें, जहाँ फिजूल बातों में आपका समय नष्ट होता है। अपने काम में आगे निकलने के लिए एक घंटा देर तक रुकें। कुछ ही समय के अंदर आप अपने आस-पास के अन्य लोगों की तुलना में दो या तीन गुना परिणाम दे रहे होंगे। □

7

आगे की ओर ठेलना

''मनुष्य की एक ऐसे प्राणी के रूप में रचना की गई है, जिसे लगातार उन्नति करते रहना होगा। एक ऐसा प्राणी, जो एक लक्ष्य पर पहुँचने के साथ ही अन्य उच्चतर लक्ष्य निर्धारित कर लेता है।''

–रॉल्फ रैंसम

सच्चाई यह है कि पूरा–का–पूरा जीवन संघर्ष है। आपका हर उस व्यक्ति के साथ मुकाबला है, जो अधिक वेतन और जल्दी–जल्दी पदोन्नति पाना चाहता है, भले ही आपको यह बात पसंद हो या न हो। एक होड़ लगी हुई है और आप उसमें शामिल हैं। आपका काम स्वयं को अग्रता में लाना है और फिर तय करना है कि आपके आस–पास जो दूसरे लोग हैं, उनसे किस तरह आपको अधिक तीव्रता से आगे निकलना होगा।

सौभाग्य से, आगे निकलने और आगे रहने के प्रामाणिक एवं परखे जा चुके उपाय ऊपर मौजूद हैं। इन अत्यंत महत्त्वपूर्ण रणनीतियों में से एक यह है कि आप लगातार अधिकाधिक जिम्मेदारी अपने ऊपर लेने की माँग करते रहें। किसी भी काम को सँभालने के लिए स्वेच्छा से आगे आएँ। सप्ताह में कम–से–कम एक बार अपने बॉस के पास अवश्य जाएँ और

उससे पूछें कि क्या कोई काम है, जो वह आपके सुपुर्द कर सकता है ?

स्टाफ की बैठकों में लोगों को हमेशा सुझाव देते देखा जाता है। वे कहेंगे कि समस्याओं को सुलझाने या कंपनी के लक्ष्यों को जल्दी पूरा करने के लिए ऐसा किया जाना चाहिए या ऐसा किया जा सकता है। जब कभी अपने बॉस को इनमें से किसी सुझाव को स्वीकार करते हुए देखें, आप स्वेच्छा से अपना हाथ उठाकर कह सकते हैं कि आप अतिरिक्त जिम्मेदारी उठाने के लिए तैयार हैं। ऐसे अवसर को हाथ से जाने मत दें। जिस प्रकार फुटबॉल खिलाड़ी अनाड़ी की तरह गेंद लपकने की कोशिश करता है और मैदान में इधर से उधर दौड़ लगाता है, उसी प्रकार नया काम, नई जिम्मेदारी आपको लपक लेनी चाहिए। फिर उस काम को जल्दी कर डालें।

विश्व में अधिकतर लोगों ने इस सरल रणनीति के बारे में कभी नहीं सोचा है। वे केवल वही करते हैं, जिसकी उनसे माँग की जाती है, जो उनसे कहा जाता है। वे यह भी सोचते हैं कि कम-से-कम जिम्मेदारी लेने में ही होशियारी है। लेकिन आपको उलटा करना चाहिए। आप और अधिक काम तथा जिम्मेदारी की माँग करते रहें। फिर आप इन कार्यों को जल्दी-जल्दी और विश्वास के साथ पूरा करके दिखाएँ।

इस बात की चिंता न करें कि आपसे लाभ उठाया जा रहा है। अधिक-से-अधिक जिम्मेदारी की माँग करके वास्तव में आप अपनी कंपनी तथा अपने बॉस से लाभ उठा रहे होते हैं। परिणाम हासिल करने हेतु आप अपनी जानकारी तथा अपने कौशल, अपनी योग्यता का विस्तार एवं संवर्धन कर रहे होते हैं। अपने संगठन का महत्त्व बढ़ाने के प्रति आप अपेक्षाकृत कहीं अच्छी और बेहतर प्रतिष्ठा का निर्माण कर रहे हैं। इससे आप सदैव लाभान्वित होंगे—अल्पकालिक रूप से भी और अपने पूरे कॅरियर में भी।

कुछ रणनीतियाँ आपको अधिक वेतन एवं शीघ्रतर पदोन्नति दिलाने

में आपके लिए अधिक सहायक हो सकती हैं, बजाय इसके कि आप किसी और बात के अलावा अधिक काम करने के वास्ते अपनी सेवाएँ अर्पित करने के लिए नाम कमाएँ। आपको जो भी अतिरिक्त प्रयास या त्याग करना हो, आपको दिए गए प्रत्येक कार्य को एक ऐसी कसौटी समझकर स्वीकार करें, जिस पर आपका भविष्य निर्भर करता है और फिर उस कार्य को जल्दी तथा अच्छे तरीके से पूरा करने के लिए आगे बढ़ें।

अभी कदम उठाएँ !

आपके बॉस के लिए जो कार्य अत्यधिक महत्त्व रखते हैं, विशेषकर उन कार्यों के लिए अपनी सेवाएँ अर्पित करके स्वयं को अधिक मूल्यवान् सिद्ध करनेवाले उपायों की लगातार खोज करते रहें। नियमित रूप से अपने बॉस के पास जाएँ और पूछें कि क्या कोई ऐसा कार्य है, जिसका बोझ आप उनके कंधों से उतारकर अपने ऊपर ले सकते हैं ? क्या कुछ भी ऐसा है, जो उनके लिए करना जरूरी है ? ऐसा करके आपको अपना महत्त्व बढ़ाने के आश्चर्यजनक अवसर प्राप्त होंगे।

जब कभी कुछ किया जाना आवश्यक हो, मदद के लिए हाथ आगे बढ़ाएँ। नियत कार्यों एवं अतिरिक्त कार्य के लिए अपनी सेवाएँ अर्पित करें। चूँकि और कोई ऐसा नहीं करता है, आपकी अहमियत सबसे अलग होगी। फिर जो भी कार्य मिले, उसे जल्दी पूरा कर डालो। वापस अपने बॉस के पास जाओ तथा फिर और भी अधिक जिम्मेदारी की माँग करो। □

8

माँग लें, आप जो चाहते हैं

''इस दुनिया में वही लोग आगे बढ़ते हैं, जो जागते हैं और मनोवांछित परिस्थितियों की खोज में रहते हैं; और, यदि वे मनचाही परिस्थितियाँ नहीं पा सकते तो वैसी परिस्थितियाँ बना लेते हैं।''

–जॉर्ज बर्नार्ड शॉ

यदि आप उससे अधिक पाने की चाह रखते हैं, जितना आपको आज मिल रहा है तो आप जो चाहते हैं, उसकी माँग करना सफलता के सिद्धांतों में से एक है। यह अत्यंत महत्त्वपूर्ण कदम है, जो आप उठा सकते हैं। भविष्य माँग करनेवालों का है। भविष्य उनका नहीं है, जो हाथ पर हाथ धरे बैठे रहते हैं, यह कामना और आशा करते हुए कि स्थितियाँ सुधर जाएँगी। भविष्य उन लोगों का है, जो कदम आगे बढ़ाते हैं और जो उन्हें चाहिए, माँग लेते हैं। और अगर उन्हें माँगा हुआ सीधे-सीधे नहीं मिलता है तो वे बार-बार माँग करते हैं और प्राप्त करके ही दम लेते हैं।

अपने बॉस से पूछें कि वेतन में वृद्धि के योग्य बनने के लिए आपको क्या करना होगा? अगर आपको यही पता नहीं है कि आपको आगे निकलने के लिए वास्तव में करना क्या है तो कठोर परिश्रम करने का

कोई अर्थ नहीं रह जाता है। स्पष्टता बहुत आवश्यक है। अपने बॉस के पास जाएँ और एक बार नहीं, बल्कि बार-बार पूछें, जब तक कि बात पूरी तरह स्पष्ट नहीं हो जाती और आपके मन में कोई भ्रम नहीं रहता है।

अगर आपको अधिक धन चाहिए तो आपको उसकी माँग करनी चाहिए। धन आपके ऊपर आसमान से गिरने वाला नहीं है। माँगने का सबसे अच्छा तरीका यह होगा कि उसके लिए एक पक्का आधार बनाएँ, जिस तरह कोई वकील एक केस तैयार करता है। अपने पक्ष में लिखकर एक दलील तैयार करें, जैसे व्यवसाय संबंधी कोई प्रस्ताव तैयार किया जाता है, न कि यह कहते फिरें कि अधिक पैसा चाहिए, जैसाकि अधिकतर लोग करते हैं। आपका तरीका अलग होना चाहिए। आप अब तक जितने भी कार्य करते आ रहे हैं और पिछली वेतन वृद्धि के समय से आपने जो अतिरिक्त अनुभव प्राप्त किया है तथा क्षमताएँ विकसित की हैं, उनकी एक सूची बनाएँ। कंपनी के कुल प्रचालन पर आपके कार्य के वित्तीय प्रभाव का वर्णन करने के साथ-साथ यह भी उल्लेख करें कि एक उच्च कोटि के कर्मचारी के रूप में आप क्या-क्या योगदान कर रहे हैं।

फिर यह सारी सूचना आप अपने बॉस के समक्ष इस प्रकार प्रस्तुत करें, मानो आप बिक्री संबंधी कोई प्रस्तुति दे रहे हों और फिर अपने बॉस—महिला हो या पुरुष—को साफ-साफ बता दें कि आप अपने कार्य-निष्पादन के प्रमाण के आधार पर प्रति माह या प्रति वर्ष एक विशिष्ट धनराशि की वृद्धि पाना चाहेंगे। बहुत से मामलों में आपको माँगने भर से वृद्धि मिल जाएगी, बशर्ते कि आप चतुराई एवं समझदारी से काम लें। कुछ मामलों में हो सकता है, उतनी वृद्धि न मिले, जितनी वृद्धि आपने माँगी है। यदि ऐसा होता है तो पूछें कि शेष वृद्धि पाने के लिए आपको भविष्य में क्या करना होगा? आप स्वयं को अधिक मूल्यवान् कैसे बना सकते हैं?

आपने वेतन में वृद्धि के लिए जो अनुरोध किया है, उसे महत्त्वपूर्ण समझौता-वार्त्ता मानकर चलें, जिसके साथ दीर्घकालीन परिणाम जुड़े होते हैं, क्योंकि यह समझौता ही है। पहले से ही अपने बॉस के साथ बातचीत का समय तय कर लें। ध्यान रखें कि निश्चित किया गया समय सुविधाजनक हो और आपको जल्दबाजी न करनी पड़े। ऐसी भेंट-मुलाकात के लिए कभी-कभी दिनोपरांत का समय ठीक रहता है, जब दिन का सारा काम निबट चुका होता है और बातचीत में व्यवधान पड़ने की आशंका नहीं रहती है। फिर पूर्ण आत्मविश्वास, साहस और सकारात्मक उम्मीद के साथ अपनी माँग पेश करें।

अगर वेतन में वृद्धि के लिए आपकी माँग पूरी तरह ठुकरा दी जाए, तब भी शांत एवं आशावादी बने रहें। इतना अवश्य पूछ लें कि वृद्धि पाने के लिए आपको भविष्य में क्या करना होगा और वह वृद्धि वास्तव में कब देय होगी? अपनी बात संक्षेप में रखें, स्पष्ट शब्दों में रखें और अपनी माँग रखते हुए डरें नहीं।

बेशक आपको जो पूछना हो, विनम्रता से पूछें, शिष्टतापूर्वक पूछें। हार्दिक और मैत्रीपूर्ण ढंग से पूछें, प्रसन्नचित्त होकर पूछें, आशा के साथ पूछें, आत्म-विश्वास के साथ पूछें, आवश्यक हो तो हठपूर्वक पूछें; लेकिन पूछें अवश्य। भविष्य उन्हीं लोगों का है, जो जीवन के हर क्षेत्र में लगातार उस चीज की माँग करते हैं, जो वे चाहते हैं। आप जो भी चाहते हैं, उसकी जितनी अधिक माँग आप करेंगे, उतना ही अधिक आप प्राप्त कर सकेंगे। माँगने की इस नीति का हर अवसर पर प्रयोग करें और फिर उसके जो अच्छे परिणाम सामने आएँगे, वे आपको चकित कर देंगे।

अभी कदम उठाएँ !

अपना प्राथमिक कार्य करें। पता लगाएँ कि जो योगदान आप कर रहे हैं और आपकी कंपनी के अंदर तथा दूसरी कंपनियों में समान कार्य

करनेवाले, समान लोगों को दिए जा रहे वेतन की दृष्टि से आपकी वास्तविक कीमत कितनी है। कर्मचारियों को नौकरी दिलानेवाली कंपनियों को फोन करें और उनसे मालूम करें कि खुले बाजार में आपके जैसे व्यक्ति का मूल्य क्या होगा! अखबारों में छपे विज्ञापनों में देखें कि समान किस्म के काम के लिए कितना वेतन देने का प्रस्ताव है।

अपने बॉस को कागज पर लिखकर स्पष्ट रूप से बताएँ कि आमदनी में बढ़ोतरी, लागत में कटौती, उत्पादन में वृद्धि करने या कार्य-कुशलता में उत्तरोत्तर सुधार की दृष्टि से आपके द्वारा किया जा रहा योगदान कितना महत्त्वपूर्ण है। स्पष्ट करें कि आपको प्राप्त उच्च स्तर का अनुभव या अतिरिक्त प्रशिक्षण को देखते हुए आप एक कर्मचारी के रूप में कितने अधिक मूल्यवान् हैं। अपने बॉस को यह भी समझाएँ कि अपनी वर्तमान आय की तुलना में कंपनी को उसी काम के लिए किसी अन्य व्यक्ति को नौकरी पर रखने तथा उसे प्रशिक्षित करने की लागत कितनी पड़ेगी। आप जो राशि चाहते हैं, उसके बारे में आपको निश्चित होना चाहिए, उसके बाद माँग करें।

□

9

अपनी ईमानदारी की रक्षा किसी पवित्र वस्तु की तरह करें

''अच्छाई का प्रत्येक बीज अंत में खिलने और फल देने के लिए संघर्ष करेगा। सच्ची सफलता हमारे प्रत्येक कदम का पीछा करती है।''

–ऑरिसन स्वेट मार्डेन

समस्त सफल कारोबार विश्वास पर चलता है। ग्राहकों, सप्लायर, कर्मचारियों तथा वित्तीय संस्थाओं के साथ सभी संबंध इस जानकारी या सूचना पर आधारित होते हैं कि लोग वह काम करने के लिए आप पर विश्वास कर सकते हैं, जो आप कहते हैं कि आप करेंगे। हार्वर्ड बिजनेस स्कूल के डीन थियोडोर लीविट का कहना है कि ''किसी भी कंपनी की सबसे मूल्यवान् पूँजी उसकी प्रतिष्ठा होती है, अर्थात् वह ख्याति, जिसके कारण कोई कंपनी अपने ग्राहकों में जानी जाती है।''

इसी प्रकार आपका चरित्र और आपकी नेकनामी आपकी जीविका, आपके कॅरियर में शायद सबसे बहुमूल्य संपत्ति समझी जाती है। ईमानदारी और सच्चे व्यवहार के लिए आपकी प्रतिष्ठा वह महत्त्वपूर्ण कारण है, जिसके आधार पर दूसरे लोग आपके बारे में अनुमान लगाते हैं, जब

वे उच्चतर वेतन या अधिक जिम्मेदारीवाले किसी पद के लिए आपका मूल्यांकन करते हैं।

चरित्र की पहली प्रमुख विशेषता है—दूसरों के साथ सत्यवादिता। चाहे कुछ भी हो जाए, हर स्थिति में सदैव सच बोलें। जब आप कोई वचन देते हैं तो उस पर कायम रहें। जब आप कोई वादा करते हैं, तो उसे पूरा करें। जब आप कहते हैं कि आप कुछ करेंगे, फिर चाहे कोई भी कठिनाई आए या असुविधा हो, करें अवश्य, जो करने के लिए आपने कहा है।

चरित्र का दूसरा मूल सिद्धांत है—विश्वसनीयता। व्यवसाय में और जीवन में कुछ ही गुणों को इतना महत्त्व, मान और सम्मान दिया जाता है, जितना कि किसी व्यक्ति की विश्वसनीयता को दिया जाता है, जो कहता है कि वह अवश्य कुछ करेगा या कहीं मौजूद रहेगा। अपने वादों को पूरा करने के लिए कोई भी त्याग क्यों न करना पड़े या कोई भी असुविधा क्यों न सहनी पड़े, वादा निभाने से पीछे नहीं हटना चाहिए। आपके लिए इस प्रकार का व्यक्ति बनना अत्यंत महत्त्व रखता है, जिस पर दूसरे लोग पूरा भरोसा कर सकते हैं।

चरित्र का तीसरा मूल सिद्धांत है—निष्ठा अर्थात् वफादारी। व्यवसाय में और जीवन में विफलता हाथ लगने और अपेक्षा पर खरा न उतरने के पीछे एक मुख्य कारण निष्ठा का अभाव होता है। जब आप सच में वफादार होते हैं, आप अपनी कंपनी या अपने बॉस के बारे में दूसरों से शिकायत नहीं करते हैं। इसकी बजाय, यदि आप किसी कारण से नाखुश या असंतुष्ट होते हैं तो आप अपनी चिंता सीधे और निष्कपट रूप से व्यक्त कर देते हैं। आप उलझन में पड़े व्यक्ति के पास जाते हैं और समस्या का हल निकालते हैं। आप जिम्मेदारी लेते हैं और अपेक्षित काररवाई करते हैं।

आप अपनी कंपनी, अपने बॉस, अपने उत्पादों या सेवाओं अथवा

अपने कार्य से संबंधित किसी भी बात के बारे में बाहरी लोगों के सामने कभी भर्त्सना या आलोचना नहीं करेंगे। अगर आप इसके संबंध में कुछ भी करना नहीं चाहते हैं तो आप इसे अपने तक ही रखेंगे। आप उन लोगों का हमेशा समर्थन करते हैं, जो आपके साथ तथा आपके लिए काम करते हैं। आप उस व्यक्ति के प्रति पूरी निष्ठा प्रदर्शित और प्रकट करते हैं, जो आपके वेतन के चेक पर हस्ताक्षर करता है। अगर किसी कारण से आप ऐसा नहीं कर सकते तो आपको कहीं और चले जाना चाहिए, जहाँ आप जा सकते हैं।

विलियम शेक्सपियर ने एक बार लिखा था—"आपको स्वयं के प्रति ईमानदार रहना चाहिए। और यदि आप इस सिद्धांत का अनुसरण उसी तरह करेंगे, जैसे रात्रि दिन का पीछा करती है तो फिर आप किसी भी आदमी के प्रति झूठे नहीं हो सकते।"

आप अपने भीतर की आवाज सुनकर तथा अपने विवेक पर भरोसा करके स्वयं के प्रति ईमानदार रहें। फिर अपने आस-पास हर व्यक्ति के प्रति ईमानदार रहें। हमेशा सच्चाई में जिएँ, वही कहें और वही करें, जो आप जानते हैं कि सच है और सत्यनिष्ठा के साथ किया जा रहा है।

अच्छी बात यह है कि जब आप अंदर और बाहर सच्चाई व ईमानदारी के साथ जीते हैं तो आप स्वयं के बारे में अद्‌भुत अनुभव करते हैं। आपका आत्म-विश्वास बढ़ जाता है और आप आत्म-सम्मान का उच्चतर स्तर प्राप्त कर लेते हैं। आप स्वयं को सकारात्मक और प्रभावशाली महसूस करते हैं। और सबसे अधिक मूल्यवान् बात तो यह है कि आप अपने इर्द-गिर्द सभी महत्त्वपूर्ण लोगों का आदर और विश्वास तथा उनकी निष्ठा भी प्राप्त कर लेते हैं।

अभी कदम उठाएँ !

वही करें, जो आप कहते हैं कि आप करेंगे। जब आप कहते हैं

कि आप यह करेंगे, भले ही आप वह करना या न करना चाहें या वह काम सुविधाजनक लगे या न लगे। अपने व्यक्तिगत और व्यावसायिक जीवन के प्रत्येक क्षेत्र में पूर्ण विश्वसनीयता के लिए एक प्रतिष्ठा का निर्माण करें।

समय और कार्यक्रम की अनुसूची निश्चित करने के मामलों में सही तथा विश्वसनीय बनने का संकल्प करें। बैठकों के लिए समय की पाबंदी का पूरा ध्यान रखें। सौंपे गए कार्य, वादे के अनुसार, समय पर पूरे करें। यदि किसी कारण से आप कोई समय-सीमा निर्धारित नहीं कर सकते तो निश्चित कर लें कि दूसरों को पहले से उसकी जानकारी है।

□

10

भविष्य के बारे में सोचें

"आप जो चीज चाहते हैं, उसकी कल्पना करें। इसे देखें, इसे महसूस करें और इसमें विश्वास करें। अपना मानसिक योजना-चित्र बनाएँ और फिर उसका निर्माण आरंभ करें।"

—मैक्सवेल माल्ट्ज

मानव व्यवहार और व्यक्तिगत नियति के अंतरतम में झाँकने से सबसे बड़ा सच यही सामने आता है कि "अधिकांश समय आप जैसा सोचते हैं, वैसा ही आप बन जाते हैं।"

आपके मन पर पहले से प्रभाव जमाए हुए विचार ही अधिकतर वह तय करते हैं, जो आप कहते हैं; आप निर्णय लेते हैं और कार्रवाई करते हैं। आपको जो परिणाम मिलते हैं और आपके जीवन की पूरी यात्रा का मार्ग, सबकुछ उन्हीं विचारों के निर्णयानुसार संचालित होता है। आप हमेशा अपने मुख्य सपनों तथा अपनी आकांक्षाओं की दिशा में बढ़ने की प्रवृत्ति से प्रभावित रहते हैं। आप जितना अधिक सोचते हैं, बात करते हैं और किसी चीज की कल्पना करते हैं, आपकी भावनाओं तथा आपके कार्यों पर इस प्रक्रिया का उतना ही अधिक प्रभाव पड़ता है तथा यह प्रक्रिया और भी अधिक तीव्रता से आपको जीवन में आकृष्ट करती है।

सफल व्यक्ति—जीवन के हर क्षेत्र में—अधिकांश समय उसी विषय में सोचते हैं और बात करते हैं, जो वे चाहते हैं। वे भविष्य के बारे में सोचते हैं और बात करते हैं और उनका विचार-मंथन हर समय इसी दिशा में चलता रहता है कि वे इसे वास्तविकता में कैसे बदल सकते हैं। वे निरंतर इसी बारे में सोचते और बात करते रहते हैं कि वे किधर जा रहे हैं और वहाँ जल्दी-से-जल्दी कैसे पहुँचा जा सकता है। इसके फलस्वरूप, उन्हें निरंतर ऐसी संभावनाएँ दिखने लगती हैं तथा ऐसी अंतर्दृष्टि प्राप्त होती रहती है, जो उन्हें अधिक तीव्रता से लक्ष्यों की ओर बढ़ने के लिए प्रेरित करती है।

भविष्येन्मुखी प्रवृत्ति विकसित करने के लिए जरूरी है कि आप अपने लिए तथा अपने कॅरियर के लिए दीर्घकालीन योजना की कल्पना करें। 'किधर जा रहे हैं और अंततः किस मंजिल तक पहुँचना चाहते हैं' के बारे में सोचने की इस आदत का आपकी सफलता के स्तर पर बहुत अधिक प्रभाव पड़ेगा।

हार्वर्ड यूनिवर्सिटी के डॉ. एडवर्ड बैनफील्ड ने पचास वर्षों से भी अधिक समय के खोज-कार्य के बाद यह निष्कर्ष निकाला कि हमारे समाज में अत्यंत सफल पुरुष और महिलाएँ वे हैं, जो दीर्घकालीन परिप्रेक्ष्य रखते हैं। वे भविष्य में दस और बीस आगे की सोचते हैं तथा वे प्रत्येक दिन इस दीर्घकालीन परिप्रेक्ष्य के आधार पर निर्णय लेते हैं। आपको भी यही करना चाहिए।

भविष्य को लेकर आपकी क्या कल्पना है, क्या बनना चाहते हैं, इस बारे में विचार-मंथन की प्रक्रिया पर अध्याय 1 में चर्चा की जा चुकी है और उसके लिए एक अत्यंत महत्त्वपूर्ण शब्द 'आदर्शीकरण' का प्रयोग किया गया है। इस अर्थ में, आदर्शीकरण की प्रक्रिया की दृष्टि से आपसे यह अपेक्षित है कि आप निरंतर अपने आदर्श भावी कॅरियर के बारे में विचार करें और कल्पना करते रहें। तीन से पाँच वर्ष आगे

की स्थिति में स्वयं को रखकर देखें। कल्पना करें कि आपकी जीविका, अर्थात् आपका कॅरियर हर दृष्टि से सही चल रहा है और आप अपने लिए बिलकुल सही काम कर रहे हैं।

यदि आपका काम हर दृष्टि से उत्कृष्ट कहलाने योग्य है तो उसका स्वरूप क्या होगा? आप किस प्रकार का काम कर रहे होंगे? आपकी आमदनी कितनी होगी? आप किसके साथ काम कर रहे होंगे? आप कहाँ काम कर रहे होंगे? किस स्तर की जिम्मेदारी आपको मिलेगी? अपने दिन-प्रतिदिन के निर्णयों को इन विभिन्न पहलुओं के तराजू में रखकर तौलें और उनको सही दिशा दें।

जब आप यह कल्पना कर चुके हों कि जो काम आपने चुना है, वह आपकी दृष्टि में हर तरह से ठीक है और आप उसे आदर्श मानकर चल सकते हैं, तदुपरांत आप यह सोचें कि उस नौकरी को प्राप्त करने तथा उसे बनाए रखने के लिए आपको किस प्रकार का बनना होगा? आपको किस प्रकार की दक्षताएँ हासिल करनी होंगी? कौन-कौन से नए हुनर और केंद्रीभूत सक्षमताएँ आपको विकसित करनी होंगी?

अपने काम के संबंध में उस चीज का अभ्यास करें, जिसे 'अंतराल विश्लेषण' कहा जाता है। आज आप जहाँ हैं और भविष्य में आप जहाँ तक जाना चाहेंगे, इन दोनों स्थितियों के बीच के अंतर को देखें। पता लगाएँ कि दोनों स्थितियों के मध्य एक सबसे बड़ा अंतर क्या है?

उस अंतराल को पाटने के लिए आपको आज ही से किन-किन परिवर्तनों की शुरुआत करनी होगी? अपने भाग्य पर पूरा नियंत्रण प्राप्त करने और जिस प्रकार का काम आप वास्तव में चाहते हैं, उसके लिए स्वयं को तैयार करने हेतु आप आज क्या कदम उठा सकते हैं? जैसाकि मैनेजमेंट गुरु पीटर ड्रकर ने कहा था, "भविष्य के बारे में पूर्व-पोषण करने का सबसे अच्छा तरीका भविष्य का निर्माण करना है।" आनेवाले वर्षों में आप जहाँ पहुँचना चाहते हैं, उसके बारे में आप जितना अधिक

एक स्पष्ट दृष्टिकोण विकसित करेंगे, प्रत्येक दिन आप उतने ही अधिक ऐसे कदम उठाने के लिए प्रेरित होंगे, जो आपके सपने को वास्तविकता में बदल देंगे।

अपनी कंपनी के भविष्य के बारे में भी सोचें। उस संबंध में विचार करें कि आपकी कंपनी किस दिशा में जा रही है और भविष्य में सफल एवं लाभप्रद बनने के लिए आपकी कंपनी को क्या करने की आवश्यकता है। आपकी कंपनी जिधर जाना चाहती है, उस मुकाम की ओर कंपनी को बढ़ाने के लिए आप व्यक्तिगत रूप से किस प्रकार मददगार साबित हो सकते हैं, इस विषय में सोच-विचार करें।

अपनी स्थिति में आप जितना अधिक भविष्योन्मुखी रहेंगे, उतना ही अधिक योगदान आप कर सकेंगे। कंपनी के दीर्घकालीन लक्ष्यों को पूरा करने में आपका जितना अधिक योगदान रहेगा, उतना ही अधिक पारिश्रमिक एवं तीव्रतर पदोन्नति पाना आपके लिए सरल होगा। सदैव भविष्य को ध्यान में रखकर कार्य करने पर आप बेहतर निर्णय ले सकेंगे और आपनी कंपनी के परिचालनों पर अधिक सकारात्मक प्रभाव डालने में आप सफल होंगे। आप जितने अधिक भविष्योन्मुखी होंगे, उतना ही अधिक आपको यह अनुभव होगा कि आपका जीवन, आपका कॅरियर और आपका भाग्य आपके नियंत्रण में है।

अभी कदम उठाएँ !

एक सादा कागज लें। उस पर यथासंभव तमाम ब्यौरे लिखें। इससे सर्वाधिक उपयुक्त नौकरी, जीवन तथा भविष्य में आपके कॅरियर की जानकारी मिलेगी।

कल्पना की स्वच्छंद उड़ान भरें। कल्पना करें कि कोई अरबपति आपसे यह सूची लेने जा रहा है तथा आपको ठीक वही नौकरी देता है। जो भी लिखें, स्पष्ट लिखें।

आज आप जो कर रहे हैं, उस पर नजर डालें। अपनी वर्तमान स्थिति, अपनी वर्तमान जानकारी एवं क्षमताओं की तुलना उसके साथ करें, जो आप भविष्य में आदर्शतः कर रहे होंगे या करना चाहेंगे। अपना मनोवांछित भविष्य बनाने के लिए आप जो भी परिवर्तन करना चाहेंगे, उन परिवर्तनों की शुरुआत आज ही करें।

□

11

अपने लक्ष्यों पर ध्यान केंद्रित करें

''लक्ष्य निर्धारित करके चलनेवाले लोग सफल होते हैं, क्योंकि वे जानते हैं कि वे किस दिशा में जा रहे हैं।''

—अर्ल नाइटिंगेल

यदि आप अपने कार्य और जीवन में बड़ी सफलता पाने की कामना करते हैं तो आपको 'स्पष्टता' शब्द का वास्तविक अर्थ समझना होगा और उसके महत्त्व को हर समय ध्यान में रखना होगा। स्पष्टता यह अपेक्षा रखती है कि आपको इस बारे में पूर्णतया स्पष्ट एवं संदेह-रहित होना चाहिए कि आप कौन हैं, आपकी क्या धारणा है, आप वास्तव में किस काम में दक्ष हैं (या हो सकते हैं) और आप किन लक्ष्यों को पूरा करना चाहते हैं।

जिन लोगों के लक्ष्य पूर्णतया स्पष्ट एवं लिखित होते हैं और जिन्हें सही-सही पता होता है कि वे अपने जीवन के प्रत्येक क्षेत्र में क्या पाना चाहते हैं, वे उन लोगों की अपेक्षा बहुत कुछ हासिल कर लेते हैं, जिन्हें निश्चित या स्पष्ट रूप से कुछ पता नहीं होता है कि वे चाहते क्या हैं! वाल्ट डिज्नी कंपनी के सी.ई.ओ., माइकेल आइजनर का कहना है कि ''व्यवसाय में जीत उसी व्यक्ति की होती है, जिसका दृष्टिकोण अत्यंत

प्रखर एवं अडिग होता है।"

यदि आप वास्तव में चाहते हैं कि आपको अधिक वेतन मिले और आपकी तरक्की जल्दी-जल्दी हो तो यह तभी संभव हो सकता है, जब आपका दृष्टिकोण अत्यधिक लक्ष्य पर केंद्रित हो। लक्ष्य निर्धारित करने और उन्हें प्राप्त करने की आपकी योग्यता को प्राय: 'सफलता का श्रेष्ठ कौशल' कहा जाता है। सौभाग्य से, व्यवसाय संबंधी सभी दक्षताएँ सीखने योग्य हैं और विशेषकर इस दक्षता को आप जल्दी सीख सकते हैं तथा बाद में रोजाना अभ्यास के जरिए इसमें सुधार कर सकते हैं।

लक्ष्य निर्धारित करने के अनेक उपाय हैं। इस विषय पर—यदि आप चाहें तो—बहुदिवसीय संगोष्ठियों अर्थात् सेमिनारों में शामिल हो सकते हैं। तथापि, सच्चाई यह है कि कोई भी तरीका न होने से तो कोई तरीका होना बेहतर होता है। यहाँ एक सरल किंतु सशक्त सप्तपदी सूत्र दिया जा रहा है, जिसका प्रयोग आप कोई भी लक्ष्य निर्धारित करके पूरा करने के लिए कर सकते हैं।

चरण एक : निश्चित करें कि आप वास्तव में क्या चाहते हैं! निश्चित करें कि अपने कॅरियर में आप क्या हासिल करना चाहते हैं। आपके लिए जो भी दूसरा क्षेत्र महत्त्व रखता है, उस प्रत्येक क्षेत्र में अपनी आदर्श आय अपनी इच्छित जीवन-शैली, अपनी उत्तम पारिवारिक स्थिति, अपने स्वास्थ्य का स्तर, अपने वजन एवं शारीरिक स्वस्थता का स्तर और अपने लक्ष्य निश्चित करें। अधिकतर लोग ऐसा कभी नहीं करते हैं। जब आपको सही-सही पता हो कि आपकी क्या इच्छा है, आप आबादी के अधिकांश भाग से स्वयं को अलग कर लेते हैं।

चरण दो : इसे लिख डालें।

जब आप अपने लक्ष्यों को कागज पर लिखते हैं, आपके मन और आपके हाथ के बीच कुछ अद्‌भुत घटित होता है। लिखने का कार्य इन लक्ष्यों को वास्तव में आपके अवचेतन मन में योजना बनाकर डाल

देता है। फिर वे एक-एक शक्ति का रूप लेने लगते हैं, आपके जीवन में लोगों और संभावनाओं को आकृष्ट करना आरंभ कर देते हैं। अपने लक्ष्यों को नियमित रूप से लिखकर रखने की शुरुआत करनेवाले जिस व्यक्ति से भी मैंने बात की है, वह इस बात से चकित था कि वे लक्ष्य कितनी जल्दी प्राप्त कर लिये गए।

चरण तीन : एक अंतिम समय-सीमा निश्चित करें।

यदि कोई बड़ा लक्ष्य हो तो उप-सीमाएँ भी तय करें। यदि आप किसी कारण से अपनी समय-सीमा का पालन करने में चूक जाएँ तो दूसरी समय-सीमा निश्चित करें। आपके अवचेतन मन को एक स्पष्ट बाध्यकारी पद्धति या विशिष्ट समय से संबद्ध लक्ष्य की जरूरत होती है, जो निशाने पर रहे। जब आप कोई समय-सीमा तय करते हैं तो आप अपने अवचेतन मन की और अधिक शक्तियों को सक्रिय कर देते हैं। तब आप ऐसे कदम उठाने के लिए स्वयं को आंतरिक रूप से प्रेरित महसूस करेंगे, जो कदम उठाना आपके लिए अपना लक्ष्य समय पर पूरा करने हेतु आवश्यक है।

चरण चार : सूची बनाएँ।

अपना लक्ष्य हासिल करने हेतु आप जो-जो कार्य पूरे करना आवश्यक समझते हैं, उन्हें लिख लें। जैसे ही कोई नए कार्य और क्रिया-कलाप आपके विचार में आएँ, उन्हें अपनी सूची में जोड़ दें। जब तक आपकी सूची पूरी न हो, उसमें इस तरह का जोड़-जुड़ाव करते रहें। यह बहुत आवश्यक है।

चरण पाँच : अपनी सूची को योजना में तैयार करें।

कोई भी योजना समय एवं क्रम-विन्यास द्वारा व्यवस्थित किए गए क्रिया-कलापों की मात्र एक सूची होती है। पहले क्या किया जाना है ? कौन सा काम बाद में किया जा सकता है ? कौन सा काम अधिक महत्त्वपूर्ण है ? कौन सा काम कम महत्त्वपूर्ण है ? आपके पास जब एक लक्ष्य होता है और एक योजना होती है तो समझ लीजिए कि सफलता

का पक्का नक्शा आपके हाथ में है। फिर आप अपने लक्ष्यों को पहले के मुकाबले अधिक तीव्रता से प्राप्त करने के लिए तैयार होंगे।

चरण छह : अपनी योजना पर काररवाई करें।

कुछ करें। कुछ भी करें। लेकिन आप जो भी करें, उसमें व्यस्त हो जाएँ। शुरू करें। देरी न करें। जो भी पहला कदम सबसे उपयुक्त लगे, उसे चुनें और शुरू हो जाएँ। कार्यान्वयन के अभाव में अनेक बड़े-बड़े लक्ष्यों और योजनाओं का अंत हो जाता है। अपने साथ ऐसा कुछ न होने दें।

चरण सात : प्रत्येक दिन कुछ-कुछ ऐसा करें, जो आपको अपने लक्ष्य की ओर बढ़ने के लिए प्रेरित करता हो।

ऐसे विशिष्ट कदम उठाएँ, जो आपको अपने सबसे महत्त्वपूर्ण लक्ष्य की दिशा में आगे बढ़ाते हैं। संभवतः यह सबसे अधिक महत्त्वपूर्ण कदम है। रोजाना कुछ-कुछ करने से आपके अंदर संवेग की शक्ति विकसित होती है। इस शक्ति के सहारे आप अपने लक्ष्य की ओर तेज-तेज गति से आगे बढ़ेंगे। इसके साथ ही आपका लक्ष्य भी तीव्रतर गति से आपकी ओर बढ़ेगा।

काम करते हुए आप जितने अधिक लक्ष्य-परक होंगे, उतने ही अधिक एकाग्रचित्त होंगे। आप जितने अधिक एकाग्रचित्त होंगे, उतना ही कम समय नष्ट करेंगे और आपकी उपलब्धि पहले से कहीं अधिक होगी। जितनी अधिक उपलब्धि आपको प्राप्त होगी, अपनी कंपनी की दृष्टि में आपका मूल्य उतना ही अधिक होगा।

जब आप अत्यधिक लक्ष्योन्मुखी हो जाते हैं, आप अपने आस-पास के दूसरे लोगों से अलग खड़े होते हैं। फिर बड़ी-बड़ी जिम्मेदारीवाले अधिक-से-अधिक अवसर आपकी ओर आना चाहेंगे। अत्यधिक लक्ष्योन्मुखी होने के फलस्वरूप, आप निश्चित रूप से अधिक वेतन पाएँगे और आपकी पदोन्नति तेजी से होगी।

अभी कदम उठाएँ!

अभी एक कागज निकालें और उस पर ऐसे दस लक्ष्य लिखें, जिन्हें आप अगले बारह महीनों में पूरा करना चाहेंगे। इन लक्ष्यों को वर्तमान काल ('मैं XXX डॉलर प्रतिवर्ष कमाता हूँ') में लिखें—ठीक इस भाव से, जैसे एक वर्ष बीत गया है और आपके सभी लक्ष्य पहले ही पूरे हो चुके हैं।

अपनी सूची से एक लक्ष्य चुनें, जिसका आपके जीवन और जीविका (कॅरियर) पर सबसे अधिक सकारात्मक प्रभाव पड़ सकता है। इस लक्ष्य को अलग करके एक साफ कागज पर लिखें। इस लक्ष्य को पाने के लिए एक समय-सीमा निर्धारित करें। इस लक्ष्य को पूरा करने की लिखित योजना तैयार करें। अपनी योजना पर काररवाई करें और फिर संकल्प लें कि अपने लक्ष्य की ओर बढ़ने के लिए आप प्रतिदिन कुछ करेंगे। लक्ष्य निर्धारित करने का यह प्रभावशाली अभ्यास ही आपका जीवन बदल सकता है।

□

12
परिणामों पर ध्यान केंद्रित करना

''सफलता की पहली अपेक्षा है कि आप में शारीरिक व मानसिक ऊर्जा को निरंतर, बिना थके एक समस्या या लक्ष्य की ओर लगाने की योग्यता होनी चाहिए।''

—थॉमस अल्वा एडिसन

परिणाम प्राप्त करने की आपकी योग्यता एकमात्र सबसे महत्त्वपूर्ण कसौटी है, जो तय करती है कि आपको कितना वेतन दिया जाए और कितनी जल्दी आपकी तरक्की की जाए। काम की दुनिया में परिणाम ही सबकुछ होते हैं। शोधकर्ताओं ने दिन-रात अध्ययन करके यह निष्कर्ष निकाला है कि कॉलेज या स्कूल छोड़ने के दो वर्ष के अंदर आपकी शिक्षा का आपके कॅरियर पर अत्यंत या बिलकुल भी प्रभाव नहीं पड़ता है। उस समय से आगे, वास्तव में, एक ही बात मायने रखती है कि अपनी कंपनी के लिए काम करने और परिणाम प्राप्त करने की आप में कितनी योग्यता है।

अनेक लोग सीमित शिक्षा तथा कौशलों के साथ काम की शुरुआत करते हैं; लेकिन परिणामों पर ध्यान लगाए रखने के फलस्वरूप वे उन लोगों की अपेक्षा कहीं अधिक उपलब्धि हासिल कर लेते हैं, जिनके पास

बेहतर शिक्षा होती है और नैसर्गिक लाभ अधिक होते हैं। यही रणनीति आपकी भी होनी चाहिए।

यदि आप अधिक लक्ष्य-परक होना चाहते हैं तो स्वयं से, दिन भर ये तीन प्रश्न अवश्य पूछें—

1. मेरी सर्वाधिक मूल्यवान् गतिविधियाँ कौन सी हैं? वे कौन-कौन से काम हैं, जो आप करते हैं, जिनका मूल्य की दृष्टि से आपके कार्य तथा आपकी कंपनी के प्रति अत्यधिक योगदान रहता है? इसी बिंदु पर आपको अपना अधिकांश समय तथा अपनी ऊर्जा केंद्रित करनी चाहिए। यदि इस प्रश्न के उत्तर के बारे में आप निश्चित न हों तो अपने बॉस से पूछें।
2. वह क्या है, जो 'मैं' और केवल 'मैं' कर सकता हूँ और जिसके अच्छी तरह किए जाने से मेरी कंपनी में वास्तव में बहुत फर्क पड़ेगा?

   यह उन अत्युत्तम प्रश्नों में से एक है, जो तीव्र परिणाम सुनिश्चित करने हेतु आप पूछ सकते हैं और जिनका उत्तर आप दे सकते हैं। इस प्रश्न का उत्तर खोजना कर्तव्य या परिश्रम-साध्य काम होगा, जो केवल आप कर सकते हैं। यदि आप यह नहीं करते हैं तो यह काम नहीं हो पाएगा। कोई अन्य व्यक्ति यह काम आपके लिए नहीं कर सकता है और न करेगा। इस प्रश्न के बदले आपका उत्तर चाहे जो हो, उस विशिष्ट कार्य पर काम करना तत्काल आरंभ कर दें।
3. मेरे समय का अत्यधिक मूल्यवान् उपयोग अभी क्या है? प्रत्येक दिन के प्रत्येक घंटे के प्रत्येक क्षण आपको एक ही गतिविधि पर काम करते रहना चाहिए, जो गतिविधि उस क्षण आपके समय के अत्यधिक मूल्यवान् उपयोग का प्रतिनिधित्व करती है। यह गतिविधि किसी अन्य गतिविधि की अपेक्षा

आपकी उत्पादकता, आपके कार्य-निष्पादन और आपके आउटपुट में वृद्धि करने में अधिक सहायक होगी। इस एक कार्य को समाप्त करके आप उस क्षण किसी दूसरे एक ही कार्य की तुलना में अधिक महत्त्वपूर्ण योगदान कर सकेंगे।

वे दिन आपके कामकाजी जीवन के सबसे अच्छे दिन होंगे, जब आप उन कार्यों पर काम कर रहे होते हैं, जिन्हें आपका बॉस आपके समय का अत्यंत महत्त्वपूर्ण एवं मूल्यवान् उपयोग किया जाना मानता है। अधिक पारिश्रमिक पाने और तीव्रतर तरक्की हासिल करने का इससे बेहतर कोई तरीका नहीं है कि जो कार्य आपको आपके बॉस की ओर से अत्यंत आवश्यक समझकर सौंपे गए हैं, उनपर आप दिन भर काम करते रहें।

अच्छी ख़बर यह है कि आप अपने अत्यावश्यक कार्यों को लगातार काम करके जितनी जल्दी पूरा कर लेते हैं, उतने ही और अधिक महत्त्वपूर्ण कार्य आपको दिए जाएँगे, ताकि आप उन्हें पूरा कर सकें। आप जितने अधिक परिणाम देंगे, उतने ही और अधिक परिणाम आपकी जिम्मेदारी पर छोड़ दिए जाएँगे। आपका योगदान जितना अधिक होगा, उतना ही अधिक वेतन आपको दिया जाएगा और आपकी पदोन्नति जल्दी-जल्दी होगी।

अभी कदम उठाएँ !

आपका नाम वेतन सूची में क्यों है ? उन सभी कामों की एक सूची बनाएँ, जिन्हें करने के लिए आपको नौकरी पर रखा गया है। क्रिया-कलापों तथा उपलब्धियों को अलग-अलग रखें। इसी प्रकार आपके कार्य से संबंधित निविष्टियों और उससे अपेक्षित प्राप्ति एवं लाभ के बीच भी अंतर करें। फिर प्राथमिकता के अनुसार एक सूची बनाएँ—अर्थात् क्या सबसे अधिक महत्त्वपूर्ण है और क्या कम महत्त्वपूर्ण है ?

यह सूची अपने बॉस के पास ले जाएँ। बॉस महिला हो या पुरुष, उससे कहें कि वह आपके कार्यों को अपनी प्राथमिकताओं के अनुसार क्रमबद्ध कर दे। आप जो कार्य करते हैं, आपका बॉस उनमें से किन कार्यों को अत्यधिक महत्त्वपूर्ण, आपकी उच्चतम उपयोगी एवं मूल्यवान् गतिविधियाँ मानता है ?

आपके बॉस का उत्तर जो भी हो, इसी क्षण में आगे के लिए संकल्प करें कि आप हर दिन, हर घंटे, ठीक-ठीक उन्हीं कार्यों को पूरा करने के लिए काम करेंगे, जिन्हें आपके बॉस ने आपकी उच्चतम दर्जे की उपयोगिता से संबद्ध गतिविधियों का क्रम दिया है। आपका यह संकल्प कॅरियर में आपको तेजी से पथ पर आगे बढ़ने के लिए प्रेरित करेगा। इससे बेहतर और कोई तरीका नहीं है, जो आपको आगे ठेल सके।

□

13

समस्या का समाधान करनेवाला बनें

''वह शक्ति मनुष्य में अंतर्निहित शक्ति, नई प्रकृति की है और बस वही जानता है कि वह क्या है, जो वह कर सकता है; वह भी तभी जान पाता है, जब उसने कोशिश की हो।''

—राल्फ वाल्डो इमर्सन

समस्याएँ जीवन का एक सामान्य, स्वाभाविक और अपरिहार्य सच हैं। यह जीवन की एक ऐसी वास्तविकता है, जिसे झुठलाया नहीं जा सकता। आपके कार्य में कठिनाइयाँ लगातार आती रहेंगी, जिस प्रकार समुद्र से लहरों का आना लगा रहता है—एक के बाद दूसरी लहर चली जाती है। दिन भर और रात में भी आपको एक समस्या के बाद दूसरी समस्या का सामना करना पड़ेगा। समस्याएँ कभी समाप्त नहीं होती हैं। सिर्फ उनके आकार और महत्त्व में घट-बढ़ हो सकती है।

इस स्थिति के जिस एकमात्र हिस्से पर आप नियंत्रण रख सकते हैं, वह है आपकी मानसिकता, आपका वह दृष्टिकोण, जिसके अनुसार आप किसी भी समस्या को देखते हैं और समझने का प्रयास करते हैं। दुर्भाग्यवश, अधिकतर लोग समस्याओं को अपने ऊपर हावी हो जाने देते हैं। वे हर समय इसी उधेड़-बुन में लगे रहते हैं कि किसे दोष दिया जाए,

समस्या क्यों उत्पन्न हुई और उसके कारण कितना नुकसान हो सकता है या कितनी कीमत चुकानी पड़ सकती है। लेकिन इससे कोई फायदा नहीं होता है। इसके बजाय आपकी प्रवृत्ति समाधान तलाशने की ओर होनी चाहिए, ताकि आप अपनी सारी शक्तियों का प्रयोग उस समस्या को हल करने में कर सकें, समस्या चाहे जैसी भी हो।

समाधानपरक लोग किसी भी संगठन में अत्यंत महत्त्वपूर्ण एवं उपयोगी माने जाते हैं। वे सकारात्मक और रचनात्मक होते हैं। जो पहले ही हो चुका है और जिसे बदला नहीं जा सकता, उस पर ध्यान देने की बजाय वे इस बात पर पूरा ध्यान देते हैं कि अब क्या किया जा सकता है।

यहाँ एक शक्तिशाली सिद्धांत दिया गया है। आप अपनी सोच या विचार को समस्या से हटाकर, समाधान खोजने की ओर लगाकर एक ही क्षण में अपनी मानसिकता को नकारात्मक एवं चिंतित होने की प्रवृत्ति से सकारात्मक तथा रचनात्मक प्रवृत्ति में बदल सकते हैं। यह पूछने या चिंता करने की बजाय कि किसने क्या किया और किसके सिर दोष मढ़ा जाए, आपको ये सवाल पूछने चाहिए—"अब हमें क्या करना है?" और "समाधान क्या है?"

आपका मन इस प्रकार का बना हुआ है कि समाधान खोजने पर आप जितना अधिक ध्यान देंगे, उतने ही अधिक समाधान आपको मिल जाएँगे। आप समाधान के बारे में जितना अधिक सोचते हैं और बात करते हैं, उतनी ही जल्दी और आसानी से आपको अच्छे-से-अच्छे समाधान मिल जाते हैं। आप जो भी सकारात्मक या रचनात्मक कदम उठा सकते हैं, उनपर ध्यान केंद्रित करने के लिए जैसे-जैसे अनुशासन में रहने का अभ्यास करेंगे, वैसे-वैसे आप समस्याओं को हल करने, कठिनाइयों से निपटने, लक्ष्य प्राप्त करने तथा महत्त्वपूर्ण नतीजे हासिल करने में यथार्थतः अधिक-से-अधिक रचनात्मक एवं सक्षम होते चले जाएँगे।

व्यवसाय और जीवन में समस्याओं को हल करने में आप जितने

बेहतर होंगे, आपको उतनी ही बड़ी समस्याएँ हल करने के लिए दी जाएँगी। जितनी बड़ी-से-बड़ी समस्याओं को आप हल करेंगे, उतना ही अधिक धन आपको चुकाया जाएगा, जितनी अधिक शक्ति आपके पास होगी, उतना ही ऊँचा पद आपको प्राप्त होगा। जैसाकि जनरल कॉलिन पॉवेल ने बारबरा वाल्टर्स को दिए एक इंटरव्यू में कहा था, ''समस्याओं को हल करने की योग्यता ही नेतृत्व कहलाती है।''

आपके कॅरियर में आपकी सफलता बहुत हद तक इस बात पर निर्भर करेगी कि आपके स्तर पर जो समस्याएँ आपके सामने आती हैं, उन्हें हल करने की कितनी योग्यता आप रखते हैं। जब आप दिखा देंगे कि आप अपनी वर्तमान समस्याओं को हल कर सकते हैं, तब आपको पदोन्नत कर दिया जाएगा, ताकि आप और भी अधिक जटिल व महत्त्वपूर्ण समस्याओं को हल कर सकें, ठीक उसी प्रकार जैसे आपको स्कूल में वर्तमान स्तर की परीक्षा उत्तीर्ण करने के बाद अगली उच्च कक्षा में भेज दिया जाता है।

संकल्प करें कि आप जीवन और कार्य के प्रति समाधानपरक दृष्टिकोण अपनाएँगे। आप ऐसा व्यक्ति बनेंगे, जिसके पास लोग अपनी समस्याएँ लेकर आते हैं, क्योंकि समस्याओं को सुलझाने के लिए आपके पास हमेशा अच्छे-अच्छे विचार एवं सुझाव होते हैं। आप समाधानों पर जितना अधिक ध्यान देंगे, उतने ही अधिक प्रभावपूर्ण ढंग से सोच-विचार करके बेहतर हल खोजने में कामयाब हो सकेंगे। अत्यधिक समाधानपरक व्यक्ति बनकर आप अपने समस्त जीवन और जीविका को उस फास्ट ट्रैक पर डाल सकते हैं, जो आपको अधिक वेतन एवं जल्दी पदोन्नति दिलाने की दिशा में ले जाएगा।

अभी कदम उठाएँ !

हर रोज अपने आपसे ये सवाल पूछें, ''मैं क्या करने की कोशिश

कर रहा हूँ ? मैं यह कैसे करने की कोशिश कर रहा हूँ ? क्या और भी कोई बेहतर तरीका हो सकता है ?''

ऐसा कौन सा सीमित करनेवाला कारण या दबाव है, जो यह निर्धारित करता है कि आप कितनी जल्दी अपना अत्यंत महत्त्वपूर्ण लक्ष्य या अत्यंत महत्त्वपूर्ण परिणाम प्राप्त कर लेते हैं ? वह कौन सी एक समस्या है, जिसे यदि आप हल कर लेते हैं तो उससे आपको अपने कॅरियर में आगे बढ़ने में अत्यधिक मदद मिलेगी ?

अपनी मुख्य समस्या को आज ही एक कागज पर सबसे ऊपर एक प्रश्न के रूप में लिख लें। समस्या पर एकाग्रता से विचार करते हुए इस प्रश्न के कम-से-कम बीस उत्तर लिखें। इनमें से एक उत्तर चुनें और उस पर तत्काल कारवाई करें। अपने शेष कॅरियर में समाधान खोजने की दृष्टि से सोच-विचार करें।

□

14

अपनी जन्मजात रचनात्मकता प्रकट करें

"जो व्यक्ति कोई भी कार्य या किसी भी वस्तु का निर्माण बेहतर ढंग से, तेजी से या अधिक किफायत से करने का कोई प्रस्ताव लेकर आता है, उसे अपने भविष्य एवं अपने भाग्य पर पूरा-पूरा भरोसा होता है।"

–जे. पॉल गेटी

नई-नई योजनाओं और नवीन प्रक्रियाओं को जन्म देने की आपकी क्षमता किसी भी उस अन्य क्षमता से अधिक महत्त्वपूर्ण हो सकती है, जो आप विकसित करते हैं। अनेक लोगों ने केवल एक ही अंतर्दृष्टि से अपना जीवन बदल डाला है, क्योंकि इसी अंतर्दृष्टि ने उन्हें बाजार में बड़ी सफलता पाने या लागत में भारी बचत करने का रास्ता दिखाया। आपको अपनी सृजनशीलता या रचनात्मकता का उपयोग हमेशा ऐसे तीव्र, अधिक सस्ते, अधिक आसान उपाय की तलाश में करना चाहिए, जिनके सहारे आप अपना काम सुविधापूर्ण ढंग से कर सकें तथा बेहतर परिणाम प्राप्त कर सकें।

सच तो यह है कि ज्ञान अर्जित करने की योग्यताओं और अनेक

विचक्षणताओं के बारे में जो कुछ भी ज्ञात है, उसके आधार पर कहा जा सकता है कि आप सशक्त प्रतिभा-संपन्न व्यक्ति हैं। आपके पास उससे कहीं अधिक नैसर्गिक प्रतिभा एवं बुद्धि है, जिसकी आवश्यकता आपको अपने सभी लक्ष्य प्राप्त करने के लिए कभी होगी। लेकिन आपकी सृजनशीलता या रचनात्मकता मांसपेशी की तरह होती है। अगर आप इसका प्रयोग नहीं करते हैं, तो आप इसे खो देते हैं। यदि आप मानसिक शक्ति का इस्तेमाल करते हैं तो ये और अधिक शक्तिशाली होने लगती हैं। आप अपनी बुद्धि का जितना अधिक प्रयोग विचारों को जन्म देने के लिए करते हैं, उतने ही अधिक सृजनशील हो जाते हैं और उनके फलस्वरूप आपके पास अनेक तथा बेहतर विचारों एवं योजनाओं का पूरा खजाना तैयार हो जाता है, जिसका उपयोग आप अपने काम के हर भाग में कर सकते हैं।

हर कारोबार में सर्वाधिक सफलता उन्हीं लोगों को मिलती है, जो कंपनी के लक्ष्यों को पूरा करने के लिए हमेशा नए और बेहतर विचारों, नए और बेहतर उपायों की खोज में लगे रहते हैं। अपनी इस सफलता में हर कोई अपनी चतुराई तथा योग्यता का परिचय देता है। आपसे बेहतर कोई नहीं है। किसी के पास आपसे अधिक नैसर्गिक रचनात्मकता नहीं है, ठीक वैसे ही जैसे आपकी मांसपेशियों से भिन्न मांसपेशी किसी के पास नहीं होती है। वास्तव में, महत्त्व तो इस बात का है कि आप अपनी रचनात्मक क्षमता का उपयोग अपने जीवन और अपने कार्य में किस सीमा तक करते हैं और कितनी अच्छी तरह करते हैं।

और अधिक सृजनात्मक व्यक्ति बनने के लिए आप विचारों को स्फूर्त एवं अनुप्राणित करने हेतु बहुत कुछ कर सकते हैं। अपने उद्योग में पुस्तकें, पत्रिकाएँ और न्यूज लैटर आदि पढ़ने से शुरुआत करें। अपने क्षेत्र में तथा अन्य क्षेत्रों में अन्य लोगों से बात करें। भिन्न-भिन्न व्यवसायों तथा उद्योगों का अध्ययन करें और विचार करें कि बिक्री, उत्पादन या

वितरण के उनके तरीकों को आप अपने कारोबार में कैसे अपना सकते हैं ! आपको नए-नए विचारों एवं सुझावों, बल्कि ऐसे असामान्य विचारों की भी खोज करते रहना चाहिए, जिन्हें आप अपना सकते हैं और अपनी कंपनी को अधिक लाभप्रद बनाने में मदद कर सकते हैं।

रचनात्मकता एवं सफलता के बीच सीधा संबंध है। अपने व्यवसाय के संचालन संबंधी तरीकों में सुधार के लिए जितने अधिकाधिक सुझाव लेकर आप आएँगे, उतना ही अधिक वेतन आपको मिलेगा और आपकी तरक्की भी जल्दी-जल्दी होगी। एक अच्छा सुझाव आपके कॅरियर की दिशा को पूरी तरह बदलने के लिए काफी है।

अभी कदम उठाएँ!

अपनी रचनात्मक शक्तियों को अपने कार्य तथा अपने व्यक्तिगत जीवन में लगातार एक लेजर किरण की भाँति प्रयुक्त करके प्रकट करें। रचनात्मक सोच-विचार के लिए स्पष्टता का होना अत्यावश्यक है। और अधिक तथा बेहतर विचारों को उभारने के लिए आपको तीन क्षेत्रों में पूर्ण स्पष्टता की आवश्यकता है—लक्ष्य, समस्याएँ और प्रश्न।

कारोबार में और निजी जिंदगी में अभीष्ट लक्ष्यों के विषय में आपको पूर्णतया स्पष्ट होना चाहिए। उन्हें लिख लें।

आपके जीवन और कॅरियर में जो सबसे विकट व भारी समस्याएँ हैं, उन्हें बताएँ; उन समस्याओं को स्पष्ट रूप से बताएँ, अर्थात् वर्णित करें।

वे पैने प्रश्न पूछें, जो आपको सीमित दायरे से बाहर निकलकर सोचने के लिए विवश करते हैं। और सबसे ज्यादा महत्त्वपूर्ण बात, अपना ध्यान केंद्रित करने के लिए कागज पर विचार करें और अपनी भीतरी प्रतिभा एवं सृजनात्मक शक्ति को जगाएँ।

□

15

हर चीज में लोगों को पहले रखें

''मानव सेवा से ऊँचा कोई धर्म नहीं है। सामूहिक हित के लिए काम करना ही सबसे बड़ा धर्म होता है।''

—अल्बर्ट श्वीत्जर

व्यवसाय और जीवन में लोग ही सबकुछ हैं। आपकी सफलता का स्तर, आपकी पदोन्नति की रफ्तार और आपकी आमदनी का आकार-प्रकार बहुत हद तक इस बात पर निर्भर करेगा कि आप ऐसे कितने लोगों को जानते हैं और जो आपको जानते हैं तथा पसंद करते हैं। जितने अधिक लोग आपको चाहते हैं, आपका आदर करते हैं, उतने ही अधिक दरवाजे वे आपके लिए खोल देंगे और आपके रास्ते से अधिक-से-अधिक अड़चनों को हटा देंगे।

यदि आप वास्तव में लोक-हितकारी व्यक्ति बनना चाहते हैं तो आपको अपने हर कार्य में, जो भी आप करते हैं, इस नियम का पालन करना होगा—दूसरे लोगों से वैसा ही व्यवहार करें, जैसे व्यवहार की अपेक्षा आप उनसे रखते हैं। जब कभी आपको अवसर मिले, दूसरे लोगों के काम में उनकी मदद के लिए आगे आएँ। अपने साथी कर्मचारियों, विशेषकर आपके अपने स्तर से नीचे, कम वेतनवाले पदों पर काम

करनेवाले लोगों के साथ विनम्रता, रहमदिली और मुरव्वत से पेश आने की आदत डालें।

मानव संबंधी मामलों में पारस्परिकता का सिद्धांत धुरी का काम करता है। यह नियम कहता है कि लोग हमारे लिए (या हमारे प्रति) जो कुछ भी करते हैं, उसके लिए हम हमेशा उन्हें वापस चुकाने का प्रयास करते हैं। यह नियम 'बाइबिल' से उठाए गए सिद्धांत 'जैसा बोना वैसा काटना' या न्यूटन के भौतिकी के तीसरे नियम का विस्तार है, जो कहता है कि प्रत्येक क्रिया के बदले एक समतुल्य और विपरीत प्रतिक्रिया होती है। यह सिद्धांत अधिकतर मानवीय संबंधों को नियंत्रित करता है।

आप इस नियम को अपनी आजीविका, अपने कॅरियर में लागू कर सकते हैं; लेकिन उसके लिए जरूरी है कि आप अपनी कंपनी के अंदर और बाहर दूसरों की मदद करने के उपायों की खोज हमेशा करते रहें। अपने संपर्क-जाल का विस्तार करने का कोई अवसर न छोड़ें। अपने स्थानीय व्यवसाय संगठन का सदस्य बनें और अपने विषय से संबंधित हर बैठक और समारोह में शिरकत करें। दूसरे लोगों को अपना परिचय दें और पता करें कि उनका क्या व्यवसाय और कामकाज है। अच्छे-अच्छे सवाल पूछें और जवाबों को ध्यान से सुनें। ऐसे उपायों की तलाश करें, जिनके जरिए कारोबार के लक्ष्य प्राप्त करने में आप दूसरों की सहायता कर सकें।

अपने काम में, मित्रवत्, सहायता के लिए सदैव तत्पर रहनेवाला उद्यत और हँसमुख व्यक्ति बनें। प्रत्येक अवसर पर लोगों के प्रति कृतज्ञता व्यक्त करें। आपके लिए जो भी व्यक्ति कोई काम करता है, उसे 'धन्यवाद' यानी 'थैंक्यू' अवश्य कहें, इस बात का विचार किए बिना कि काम बड़ा है या छोटा। लोगों के विशिष्ट गुणों, उनकी अधिकृत वस्तुओं या उनकी उपलब्धियों पर उन्हें आगे बढ़कर बधाई दें। जैसाकि अब्राहम लिंकन ने कहा था, "बधाई या प्रशंसा पाना हर किसी को अच्छा लगता है।"

आप जिस किसी भी व्यक्ति—पुरुष हो या महिला—के साथ काम करते हैं उसके साथ ऐसे पेश आएँ, मानो वह आपके व्यवसाय का कोई अत्यधिक मूल्यवान् ग्राहक हो! अपने बॉस, अपने सह-कर्मियों तथा अपने कर्मचारियों के साथ ऐसे व्यवहार करें, जैसे वे सभी अत्यंत उपयोगी एवं महत्त्वपूर्ण लोग हैं। जब आप दूसरे लोगों को महत्त्वपूर्ण होने का अहसास कराते हैं, बदले में वे भी ऐसे हर अवसर की तलाश में रहेंगे, जब आपको वे महत्त्वपूर्ण होने का एहसास करा सकें।

जब आपके आस-पास के सभी लोग आपको वास्तव में चाहने लगते हैं और आपका आदर करते हैं, तब आपके लिए हर प्रकार के अवसर खुल जाएँगे, जो आपको न केवल अधिक वेतन दिलाएँगे, बल्कि आपकी तरक्की की रफ्तार भी तेज कर देंगे।

अभी कदम उठाएँ!

कंपनी के अंदर और बाहर अपने कामकाजी जीवन में सभी महत्त्वपूर्ण लोगों की एक सूची बनाएँ। इस सूची का पुनरीक्षण करें और विचार करें कि इन लोगों के साथ संबंध रखकर आप किस प्रकार के परिणाम प्राप्त करना चाहेंगे।

सोचें कि आप किसी व्यक्ति के लिए ऐसा क्या कर सकते हैं, जिसके फलस्वरूप वह व्यक्ति आपकी मदद करने या आपका समर्थन करने की भावना से भर उठे! 'जैसा बोओगे, वैसा काटोगे' के सिद्धांत पर चलना सीखें। 'धकियानेवाला' बनने की बजाय 'देनेवाला' बनें। इससे पहले कि आप किसी से पाने की इच्छा करें, उसे यथार्थ में कुछ देने के अवसर ढूँढ़े।

□

16

स्वयं में निरंतर निवेश करें

''मुझे इस ऊँचे ओक वृक्ष की शाखाओं में ऊपर की ओर देखने व समझने दो कि यह इतना बुलंद और मजबूत इसलिए हुआ, क्योंकि यह धीरे-धीरे और अच्छी तरह विकसित हुआ।''

—विल्फ्रेड ए. पीटरसन

स्वयं को जीवन भर ज्ञानार्जन के लिए समर्पित करें। कंपनी में एक ऐसा व्यक्ति बनकर स्वयं को भीड़ से अलग रखें, जो किसी भी अन्य व्यक्ति की अपेक्षा अधिक तेज गति से सीख रहा है और उन्नत हो रहा है। यह एक ही निर्णय आपके पूरे कॅरियर में आपको व्यक्तिगत लाभ दे सकता है।

सच तो यह है कि आज आपके पास जितनी भी जानकारी और दक्षता है, उसका जीवन-काल आधा होकर सिर्फ ढाई वर्ष का रह गया है। इसका अभिप्राय है कि पाँच वर्ष के अंदर अपने कारोबार के बारे में आपका आज का अधिकतर ज्ञान पुराना, बेकार या अप्रासंगिक हो जाएगा। तेजी से बदलती कल की दुनिया में जीने और पनपने के लिए आपको अपने ज्ञान एवं दक्षताओं में और अधिक तेज गति से लगातार वृद्धि करते रहने की आवश्यकता होगी। आपको आगे निकलने की तो बात ही क्या,

बराबरी के स्तर पर रहने के लिए भी आक्रामक रूप से अध्ययन करना होगा, सीखना होगा। जैसाकि बास्केट बॉल कोच पैरिले ने कहा, ''अगर आप बेहतर नहीं हो रहे हैं तो आप बदतर होते जा रहे हैं।''

उच्चतम वेतन पानेवाले 10 प्रतिशत अमेरिकन प्रत्येक दिन दो से तीन घंटे तक पढ़ते हैं, ताकि वे अपने-अपने क्षेत्र में नवीनतम जानकारी से अवगत हो सकें। वे हर संभव स्रोत से नई-नई सूचनाएँ लगातार ग्रहण करते रहते हैं। उनकी बुद्धि स्पंज जैसी है, जो अखबारों, पत्रिकाओं, पुस्तकों के अलावा रेडियो तथा टेलीविजन के महत्त्वपूर्ण कार्यक्रमों को भी जज्ब कर लेती है, सोख लेती है। रीड बकले ने अपनी पुस्तक 'पब्लिक स्पीकिंग' में लिखा है—''यदि आप लगातार सीख नहीं रहे हैं और अपने ज्ञान तथा अपनी दक्षताओं को समय के साथ-साथ उन्नत नहीं कर रहे हैं तो कहीं कोई और कर रहा है, और जब आप उस व्यक्ति से मिलेंगे तो हार जाएँगे।''

सूचना के युग में जैसे-जैसे हम बहुत तीव्र गति से आगे बढ़ते हैं, वैसे-वैसे प्रत्येक व्यवसाय में चोटी के लोग यह महसूस करते हैं कि परिवर्तन की इस तेज दौड़ में उन्हें आगे बने रहना होगा, अन्यथा वे पिछड़ जाएँगे। आज आपके पास एक बहुत ही सरल विकल्प है। आप या तो परिवर्तन के स्वामी हो सकते हैं या परिवर्तन के शिकार। इन दोनों के बीच चुनने लायक कुछ नहीं है। आप जो भी करते हैं, उसमें आप बेहतर से बेहतर हो सकते हैं, बशर्ते कि आप लगातार ज्ञानार्जन करते हुए परिवर्तन पर नियंत्रण पा लें।

जिंदगी भर ज्ञान प्राप्त करने के तीन मुख्य तरीके हैं। पहला यह कि जो विषय या क्षेत्र आपका है, उसके बारे में आप प्रत्येक दिन कम-से-कम एक घंटा पढ़ें; यदि संभव हो तो ज्यादा भी पढ़ सकते हैं। पढ़ना बुद्धि के लिए उतना ही जरूरी है, जितना कि शरीर के लिए व्यायाम। अगर आप अपने चुनिंदा क्षेत्र में किसी अच्छी पुस्तक से हर रोज एक

घंटा पढ़ें तो उसका मतलब होगा कि एक सप्ताह में आप एक पुस्तक समाप्त कर लेंगे। एक पुस्तक प्रति सप्ताह का मतलब होगा—एक साल में करीब 50 पुस्तकें पढ़ लेना। 50 पुस्तक प्रति वर्ष के हिसाब से अगले दस वर्षों में 500 पुस्तकें आप पढ़ चुके होंगे। अपने चुने गए विषय में निरंतर पढ़ने का दैनिक अभ्यास बहुत कम समय में आपके व्यवसाय में आपको एक बहुत ही शिक्षित और उच्चतम वेतन प्राप्त व्यक्ति के रूप में स्थापित करेगा।

निरंतर ज्ञान अर्जित करने की दूसरी कुंजी यह कि जब आप कार चलाकर एक जगह से दूसरी जगह जा रहे हों तो अपनी कार में ऑडियो प्रोग्राम को सुनते रहें। औसत कार मालिक साल में करीब 500 से 1,000 घंटे कार चलाते हुए व्यतीत करता है। इसका मतलब है कि 40 घंटे सप्ताह के हिसाब से आप तीन से छह माह तक का समय अपनी कार में बिताते हैं। 'यूनिवर्सिटी ऑफ सदर्न कैलिफोर्निया' के अनुसार, यह अवधि दो पूर्णकालिक यूनिवर्सिटी सेमेस्टर के बराबर बैठती है। अगर आप अपनी कार में संगीत की बजाय शैक्षिक ऑडियो कार्यक्रमों को सुनें तो अपने क्षेत्र में आप सुविदित, विद्वान् व्यक्ति होने का गौरव प्राप्त कर सकते हैं।

निरंतर जानकारी हासिल करने की तीसरी कुंजी यह है कि आप अपने विषय से संबंधित प्रत्येक पाठ्यक्रम और सेमिनार में निश्चित रूप से भाग लें। मैं जानता हूँ, उच्चतम वेतन प्राप्त लोग दो या तीन दिन के लिए आयोजित ऐसे अत्यंत महत्त्वपूर्ण सेमिनार में भाग लेने हेतु देश के एक किनारे से दूसरे किनारे तक की यात्रा करने से कदापि परहेज नहीं करेंगे, जो उनकी व्यावसायिक गतिविधियों में सहायक सिद्ध हो सकती है। एक अच्छी पुस्तक ऑडियो प्रोग्राम या सेमिनार से आपको ऐसे अद्भुत विचार, सुझाव और अंतर्दृष्टि प्राप्त हो सकती है, जिसके लिए आपको वर्षों तक कठोर परिश्रम करना पड़ता।

आपके अंदर नई जानकारी हासिल करने की भूख होनी चाहिए। जहाँ से भी मिले, ग्रहण करें। नई जानकारी को स्पंज की तरह जज्ब करना सीखें। निरंतर वैयक्तिक तथा व्यावसायिक विकास आपकी अंतर्निहित शक्ति को और अधिक उजागर करेगा तथा आपके लिए सारे द्वार खोल देगा। यदि आप वास्तव में अधिक वेतन और जल्दी-जल्दी पदोन्नति पाने की इच्छा रखते हैं तो आपको अपने क्षेत्र में अत्यधिक जानकार, अनुभवी एवं सक्षम बनना होगा और इसका एक ही तरीका है कि निरंतर सीखते रहें।

अभी कदम उठाएँ!

रोजाना पढ़ने का एक कार्यक्रम तत्काल आरंभ करें। निश्चय करें कि आप जल्दी सो जाया करेंगे और काम पर जाने से कम-से-कम दो घंटे पहले उठ जाएँगे। पहला घंटा 'सुवर्णकाल' अपना ज्ञान बढ़ाने, अपनी बुद्धि को तरोताजा करने के लिए खर्च करें। कुछ शैक्षणिक, प्रेरणादायी या उत्साहवर्धक साहित्य पढ़ने के प्रति यह संकल्प आपको पूरे दिन काम करने की स्फूर्ति से भर देगा और अंततः आपका जीवन बदल देगा।

अपनी कार को 'चलती-फिरती यूनिवर्सिटी' समझ लें। अपनी कार में हमेशा कोई शैक्षणिक ऑडियो कार्यक्रम चलने दें। ऑडियो प्रोग्रामों में प्रायः कई पुस्तकों से लिये गए उत्कृष्ट विचार होते हैं, अतः आप गाड़ी चलाते समय जानकारी हासिल करने में बदलकर समय और धन की बचत कर सकते हैं।

□

17

श्रेष्ठता के प्रति वचनबद्ध रहें

''जीवन में आपकी सफलता का निर्धारण किसी अन्य तत्त्व की अपेक्षा श्रेष्ठता के प्रति आपकी वचनबद्धता की गहराई पर अधिक निर्भर करेगा, आपने चाहे कोई भी क्षेत्र क्यों न चुना हो।''

—विंस लॉम्बार्डी

आप जो भी करते हैं, उसमें श्रेष्ठ बनने का संकल्प करें। आज ही संकल्प करें कि अपने कार्यक्षेत्र में आप चोटी के 10 प्रतिशत लोगों में अपना स्थान बनाएँगे। अपने चारों ओर श्रेष्ठ लोगों पर नजर डालें और याद रखें कि वे भी बिलकुल नीचे से उठकर यहाँ तक पहुँचे हैं। अगर वे ऐसा कर सके हैं तो आप भी कर सकते हैं। कोई भी आपसे अधिक चतुर नहीं है और कोई भी आपसे बेहतर नहीं है। यदि कोई व्यक्ति आज आपसे आगे है तो इसलिए कि वह जो कर रहा है, कुछ अलग ढंग से कर रहा है। किसी अन्य व्यक्ति ने विवेक के दायरे में रहते हुए जो कुछ भी हासिल किया है, आप भी कर सकते हैं, बशर्ते कि आपको पता हो कि कैसे करना है।

अपने कार्यक्षेत्र में यदि आप श्रेष्ठ लोगों में से एक बनने की चाहत

रखते हैं, तो आपको अपने कार्य में प्रमुख उपयोगी क्षेत्रों की पहचान करने से शुरुआत करनी होगी। कहने का तात्पर्य है कि आपके लिए यह जानना अनिवार्य हो जाता है कि ऐसे कौन से क्षेत्र हैं, जिनमें आपको दक्षता प्राप्त है और जहाँ आपको ऐसे परिणाम प्राप्त करने के उद्देश्य से पूर्णतया सकारात्मक रूप से कोई काम करना पड़ता है, जिसके आधार पर आपका बॉस उस कार्य में आपकी सफलता का निर्णय करता है।

कदाचित् ही कोई ऐसा कार्य होगा, जिसमें परिणामोन्मुखी प्रमुख क्षेत्र पाँच या सात से अधिक होते हों। इनमें से प्रत्येक क्षेत्र में एक उत्कृष्ट स्तर पर काम करने की आपकी योग्यता ही वह मुख्य कसौटी है, जिससे पता चलता है कि कुल मिलाकर आप कितना अच्छा काम करते हैं। ये परिणाम निर्धारित करते हैं कि आपको कितना पारिश्रमिक दिया जाए और कितनी जल्दी आपको तरक्की मिले।

एक बार जब आप अपने उन प्रमुख क्षेत्रों की पहचान कर लें, जिनमें आप उत्कृष्ट परिणाम दे सकते हैं तो अपने आपसे यह सवाल पूछें, 'वह कौन सी एक दक्षता है, जिसे यदि मैंने विकसित कर लिया होता और बहुत अच्छे तरीके से तराश लिया होता तो मेरे कॅरियर पर उसका सबसे अधिक सकारात्मक प्रभाव पड़ा होता?'

यह एक अत्यंत महत्त्वपूर्ण प्रश्न है, जो आप अपने कामकाजी जीवन में सदैव पूछेंगे और उसका उत्तर खोजते रहेंगे। अगर आप नहीं जानते कि कौन सी कार्य-दक्षता इस समय आपकी सबसे अधिक सहायता कर सकती है तो अपने बॉस के पास जाएँ और उसकी सलाह माँगें। अपने सहकर्मियों से पूछें; अपनी पत्नी या अपने पति से पूछें। जिस किसी से भी पूछना चाहें, पूछें, लेकिन आपको कोई एक दक्षता अवश्य निश्चित करनी होगी, जो आपके कार्य में आपकी अत्यधिक सहायता कर सकती है। फिर इस क्षेत्र में सुधार करने का आपको वचन उठा लेना चाहिए, यह सोचकर कि आपका भविष्य इस पर निर्भर करता है; क्योंकि

यही सच है। जब आप दक्षता के बारे में पूर्णतया निश्चित और निःशंक हो जाएँ, जो आपकी सबसे अधिक सहायता कर सकती है, तो फिर आप अपना लक्ष्य बना लें कि इस दक्षता को ग्रहण करना है। इसे लिख लें, एक योजना बनाएँ और फिर एक-एक दिन इस क्षेत्र में बेहतर होने के लिए काम करें। आपके जितने भी लाभप्रद प्रमुख क्षेत्र हैं, उनमें से एक बार में एक क्षेत्र को लें और उस क्षेत्र में पूरा ध्यान लगाकर सुधार करने का नित्य अभ्यास करें। नित्य अभ्यास करने की यह वचनबद्धता ही इतनी प्रभावशाली है कि इससे आपका पूरा जीवन बदल सकता है।

बढ़िया और उच्च कोटि का काम ही सबकुछ है। आज ही संकल्प करें कि आप जो कुछ भी करते हैं, उसमें आप पूर्ण श्रेष्ठता प्राप्त करेंगे। अपना काम संभवतया बहुत श्रेष्ठ ढंग से करने का वचन उठाएँ। उत्कृष्ट कार्य को अपना मानदंड निर्धारित करें और अपने शेष कॅरियर में इसके साथ कभी समझौता न करें।

अभी कदम उठाएँ !

आपका जीवन तभी बेहतर होता है, जब आप बेहतर होते हैं। आप कंपनी के लिए जो-जो कार्य करते हैं, उनकी एक सूची बनाएँ और प्रत्येक कार्य से कंपनी के लिए जिस महत्त्वपूर्ण परिणाम की अपेक्षा आप रखते हैं, उसको भी सूची में शामिल करें। अपनी सूची की जाँच करें, दूसरों के साथ उस पर चर्चा करें और फिर उस एक दक्षता की पहचान करें, जिसमें यदि आपने श्रेष्ठता प्राप्त की होती तो आपके कॅरियर पर उसका बहुत अधिक सकारात्मक प्रभाव पड़ता।

कार्य-निष्पादन के मानदंड तैयार करें। अपने प्रमुख लाभप्रद क्षेत्रों के मूल्यांकन हेतु मानक तय करें। "जिस कार्य की माप होती है, वह कार्य हो जाता है।" उन संख्याओं का निर्धारण करें, जिनका प्रयोग आप यह अनुमान लगाने या मापने के लिए करेंगे कि अपने कार्य के प्रत्येक

भाग में आप कितना अच्छा प्रदर्शन कर रहे हैं। अपनी प्रगति की रफ्तार जानने के लिए अपने कार्य की तुलना मानदंडों के साथ नियमित रूप से करें। सुधार के लिए बराबर प्रयास करते रहें।

□

18

ग्राहक पर ध्यान केंद्रित करें

''कोई भी इनसान कभी आध्यात्मिक पुरुषत्व की वास्तविक ऊँचाई तक नहीं पहुँच पाया है, जब तक कि उसने यह नहीं जान लिया कि स्वयं की सेवा करने से अधिक अच्छा है—किसी दूसरे की सेवा करना।''

—वुडरो विल्सन

हम उपभोक्ता युग में प्रवेश कर गए हैं। आज हम जानते हैं कि किसी भी व्यवसाय का वास्तविक उद्देश्य ग्राहक बनाना और ग्राहकों को बनाए रखना है। व्यवसाय की सफलता के किसी भी स्तर को प्राप्त करने के लिए प्रत्येक गतिविधि के केंद्रीय फोकस में ग्राहकों को रखना अनिवार्य है। किसी भी कारोबार में लाभ तभी संभव है, जब पर्याप्त संख्या में ग्राहक बनाए जाएँ तथा उन्हें बनाए रखा जाए और वह भी एक उचित कीमत पर।

सभी प्रकार के वेतन और मजदूरी का भुगतान ग्राहकों से आता है। कंपनियों और कंपनी में प्रत्येक व्यक्ति की सफलता या विफलता का निर्णय ग्राहक करते हैं। वॉलमार्ट के संस्थापक सैम वाल्टन ने एक बार कहा था, ''हम सबका एक ही मालिक है—ग्राहक और वह किसी भी

समय, किसी दूसरी जगह जाकर खरीदारी करने का फैसला हमें सुनाकर हमें नौकरी से बाहर कर सकता है।''

आपके ग्राहक कौन हैं—भीतरी और बहारी दोनों? आपके महत्त्वपूर्ण ग्राहक, अर्थात् वे लोग कौन हैं, जिनके निर्णय अधिकतर आपके लिए और आपकी कंपनी के लिए सफलता या विफलता का नियामक बनते हैं?

ग्राहक की परिभाषा के अनुसार ग्राहक ''वह व्यक्ति है, जो अपनी आवश्यकताओं की संतुष्टि के लिए आपके ऊपर निर्भर करता है या वह व्यक्ति, जिस पर आप अपनी आवश्यकताओं की संतुष्टि के लिए निर्भर करते हैं।''

इस परिभाषा के अनुसार आपका बॉस आपका ग्राहक है। आपके सहकर्मी आपके ग्राहक हैं। आपके कर्मचारी आपके ग्राहक हैं। और बेशक वे लोग भी आपके ग्राहक हैं, जो आपके उत्पाद और सेवाएँ खरीदते हैं। प्रत्येक व्यक्ति किसी-न-किसी चीज के लिए किसी दूसरे पर निर्भर रहता है। हर कोई किसी का ग्राहक है।

आपके जीवन और आपकी आजीविका में आपकी सफलता पूरी तरह इस बात पर निर्भर करेगी कि अपने जीवन में आप ग्राहकों को कितनी अच्छी सेवा देते हैं और किस हद तक उनकी संतुष्टि सुनिश्चित करते हैं। अपने ग्राहकों को आप जितना अधिक और बेहतर ढंग से संतुष्ट कर सकेंगे, अपनी आवश्यकताओं की पूर्ति के लिए आपके पास उतने ही और अधिक ग्राहक आएँगे।

ग्राहक-संतुष्टि के चार स्तर होते हैं। इन स्तरों के संबंध में आज आप जहाँ खड़े हैं, मुख्यत: वही स्थिति इस निर्णय का आधार बनती है कि अपने ग्राहकों एवं अपने संगठन के लिए आप कितने मूल्यवान् और महत्त्वपूर्ण हैं।

ग्राहक-संतुष्टि का पहला स्तर सिर्फ ग्राहक की अपेक्षाओं को पूरा

करने की माँग करता है। व्यवसाय को बनाए रखने के लिए यह न्यूनतम आवश्यकता है। यदि आपका काम करने का तरीका यही है कि जिस काम के लिए आपको रखा गया है, सिर्फ वही काम करना है या जितने घंटे काम करने के लिए रखा गया है, कुल उतने ही घंटे काम करना है तो इससे आपका वर्तमान संतुष्ट हो सकता है, लेकिन आपका भविष्य आशाजनक नहीं है।

संतुष्टि के अगले स्तर पर आप ग्राहकों की उम्मीदों से आगे बढ़ जाते हैं। आप ग्राहकों को वास्तव में उनकी उम्मीदों से अधिक देने का प्रयास करते हैं। यह स्तर आपको कुछ समय के लिए कारोबार में बनाए रखेगा, जब तक कि आपके प्रतियोगी आपके ग्राहकों को लुभाने के लिए उतनी ही या उससे अधिक संतुष्टि प्रदान करने की कोई योजना आरंभ नहीं करते। और वे अवश्य करेंगे, इतनी जल्दी कि आपको सोचने का भी मौका न मिले।

ग्राहक-संतुष्टि का अगला स्तर तब आता है, जब आप अपने ग्राहकों को खुश कर देते हैं। आप अपने ग्राहकों को जो वस्तु या सेवा अर्पित कर रहे हैं, उसमें कुछ ऐसा जोड़ देते हैं, जो पूरी तरह अप्रत्याशित और बहुत ही सराहनीय होता है, आपकी ओर से इतना करना ही बहुत मायने रखता है कि जब कोई ग्राहक किसी वस्तु की खरीद करके पूछ ले कि खरीदी गई वस्तु से वह संतुष्ट है या नहीं और अगर ग्राहक के कुछ सवाल हों तो उनका भी संतोषजनक उत्तर ग्राहक को दें। जहाँ तक आपके काम का संबंध है, आप कंपनी की मदद के लिए कुछ अतिरिक्त पहल करके और अपने कार्य के अलावा भी कुछ करके अपने बॉस का मन जीत सकते हैं, उसे पूरी तरह चकित कर सकते हैं।

चौथा स्तर सब स्तरों में सबसे ऊँचा माना जाता है, जहाँ आप अपने ग्राहकों को विस्मित कर देते हैं, अर्थात् आश्चर्य में डाल देते हैं। आप उनकी उम्मीदों के परे कुछ ऐसा कर देते हैं कि वे खरीद करने दोबारा

आप ही के पास आना चाहेंगे और अपने अनुभव के बारे में अपने यार-दोस्तों को भी बताएँगे।

'3 एम कॉरपोरेशन' में 'पोस्ट-इट नोट्स' (किसी वस्तु के उत्पादन से पूर्व विज्ञापन) के रचयिता ने विशेषज्ञों का एक दल गठित किया, जिन्होंने उत्पाद विकसित करने में अपना समय लिया। अंतत: उन्हें जो सफलता मिली और अरबों-खरबों का बाजार खड़ा करने में उन्होंने जो करिश्मा कर दिखाया, वह व्यवसाय जगत् को हैरानी में डालनेवाला चर्चा का विषय बन गया।

हर एक दिन आपको ऐसे तरीकों-उपायों की खोज करते रहना चाहिए, जिनके जरिए आप उम्मीदों को पूरा कर सकें, उम्मीदों से आगे बढ़ सकें और उन लोगों को खुश कर सकें तथा विस्मित कर सकें, जो आपके कार्य पर निर्भर करते हैं। यदि आप अपने खास ग्राहकों को किसी अन्य की अपेक्षा बेहतर सेवा और संतुष्टि प्रदान करने की योग्यता रखते हैं तो निश्चित ही आप अधिक वेतन पाने और जल्दी-जल्दी तरक्की पाने के हकदार होंगे। और चाहे आप कुछ भी करें, आपकी यह योग्यता ही आपको सबसे ज्यादा कामयाबी दिला सकती है।

अभी कदम उठाएँ!

अपने कारोबार के अंदर और बाहर दोनों जगह अपने सर्वाधिक महत्त्वपूर्ण ग्राहकों को पहचानें। याद रखें, आपका बॉस, आपके सहयोगी, आपके सहकर्मी, आपका सारा स्टाफ भी आपके ग्राहकों में आते हैं।

उनके प्रति अपनी सेवा की गुणवत्ता और मात्रा में वृद्धि करने की योजना बनाएँ, ताकि उनके अंदर आपकी मदद करने, आपके कार्य में सहयोग देने तथा आपके लक्ष्यों को पूरा करने में आपका साथ देने की भावना उत्पन्न हो।

अपनी कंपनी के बाहर अपने अत्यधिक महत्त्वपूर्ण ग्राहकों को

पहचानें, जिनमें दोनों किस्म के लोग शामिल हैं। एक तो वे, जो आपके द्वारा बेचे जा रहे उत्पाद खरीदते हैं और दूसरे वे, जिनका सहयोग आपको चाहिए, ताकि आप उनकी बेहतर सेवा कर सकें। निर्णय करें कि आप इन संबंधों को सुधारने के लिए क्या कुछ कर सकते हैं। अपने निर्णय पर आज ही काररवाई करें।

□

19

आधारभूत सिद्धांतों पर फोकस करें

''उद्योग जगत् में बड़े-बड़े काम करनेवाले लोग वे होते हैं, जिन्हें यह भरोसा है कि उनके विचार फलीभूत होंगे, उनसे धनोपार्जन होगा।

–चार्ल्स फिलमोर

परिस्थितियों के लाभ को अनुकूल बनाना आपके भविष्य की कुंजी है। संवृद्धि, सफलता और तीव्र गति से आगे बढ़ने के लिए व्यवसाय के आधारभूत सिद्धांतों पर गहन फोकस करना अत्यावश्यक है। प्रत्येक संगठन में अत्यंत प्रतिभा-संपन्न लोग सदैव यही सोच-विचार करते रहते हैं कि वे अपनी कंपनियों की लाभप्रदता बढ़ाने के लिए क्या कर सकते हैं। आपके कार्य का शुद्ध नकदी प्रवाह पर जितना अधिक प्रभाव पड़ता है, आपका महत्त्व उतना ही अधिक बढ़ जाता है और आपको उसी हिसाब से वेतन-वृद्धि दी जाएगी।

आपकी कंपनी में मुनाफे में वृद्धि करने के केवल दो ही मूल उपाय हैं। पहला उपाय है कि आप अपने मौजूदा उत्पादों की अधिक बिक्री करके या ऐसे नए उत्पादों एवं सेवाओं का विकास करके आमदनी बढ़ाएँ, जिन उत्पादों एवं सेवाओं को अधिक ग्राहकों को बेचा जा सकेगा।

मुनाफा बढ़ाने का दूसरा तरीका यह है कि आप अपने वर्तमान ग्राहकों को जो उत्पाद एवं सेवाएँ मुहैया करा रहे हैं, उसकी लागत में कमी करें। लाभ में बढ़ोतरी करने की सबसे बढ़िया रणनीति आपके लिए यही होगी कि आप बिक्री तथा आमदनी में वृद्धि करने के उपाय तलाशने के साथ-साथ उन उत्पादों एवं सेवाओं की सुपुर्दगी की लागत घटाने के उपाय भी लगातार खोजते रहें।

हर रोज आपको अपना काम फिर से तय करने, पुनः संरचित करने और फिर से संचालित करने के उपाय खोजने चाहिए, ताकि आप अपना काम पहले के मुकाबले अधिक तेजी से और कम लागत पर कर सकें। एक-एक लागत की जाँच करें, अगर आपको लगता है कि अभीष्ट परिणाम प्राप्त करने के लिए समय व व्यय घटाने के लिए इसका सरलीकरण करना, इसका आकार कम करना या इसका त्याग करना भी संभव नहीं है।

किसी भी संगठन में उन लोगों को अत्यधिक मूल्यवान् और प्रशंसनीय समझा जाता है, जो कंपनी के कुल मुनाफे के प्रति बहुत अधिक चिंतित रहते हैं। वे कंपनी की प्रत्येक आर्थिक गतिविधि को इस तरह देखते हैं, जैसे वह गतिविधि उन्हें व्यक्तिगत रूप से प्रभावित करती है। वे कंपनी की पूँजी को अपनी पूँजी समझते हैं। कारोबार के परिणामों के लिए वे पूरी जिम्मेदारी लेते हैं।

जब आप मुनाफा बढ़ाने में मुख्य खिलाड़ी बन जाते हैं, तब वे लोग तत्काल अपनी ओर ध्यान देने लगते हैं, जो आपके कॅरियर में आपकी सबसे अधिक सहायता कर सकते हैं। आमदनी में बढ़त या लागत में कटौती करके मुनाफे में वृद्धि करने की आपकी योग्यता आपके लिए अधिक वेतन-प्राप्ति तथा जल्दी-जल्दी तरक्की हासिल करने का एक सबसे तीव्र उपाय है।

अभी कदम उठाएँ!

आज से ही अपनी कंपनी के बारे में यह सोच रखें, मानो यह आपकी अपनी कंपनी है और एक-एक डॉलर जो खर्च होता है, वह या तो आपकी जेब से जाता है या आपकी जेब में जाता है। हर खर्च को ऐसा समझें, जैसे उस खर्च से आप व्यक्तिगत रूप से प्रभावित होते हैं। लागत घटाने या क्रिया-कलापों को सरल बनाने का कम-से-कम एक तरीका आज अवश्य खोजें।

बिक्री और नकदी प्रवाह को किसी भी व्यवसाय की जान माना जाता है। अपने व्यवसाय का बारीकी से अध्ययन करें और निर्णय करें कि आप किसी प्रकार बिक्री या नकदी प्रवाह में वृद्धि करने के लिए क्या कदम उठा सकते हैं। एक अच्छा सुझाव आपका कॅरियर बदल सकता है।

□

20

अपनी सकारात्मक शक्ति विकसित करें

"आज ज्ञान ही शक्ति है। इसका अवसर और उन्नति तक पहुँच पर नियंत्रण हो।"

—पीटर ड्रकर

शक्ति आज के युग में संगठनात्मक तथा व्यावसायिक जीवन का वास्तविक और महत्त्वपूर्ण हिस्सा है। शक्ति प्राप्त करने और अपने कॅरियर में शक्ति का प्रयोग करने की आपकी योग्यता आपकी दीर्घकालीन सफलता के लिए अनिवार्य है।

सरलतम शब्दों में, 'शक्ति' का अर्थ होता है—लोगों तथा संसाधनों पर प्रभाव। शक्ति-संपन्न होने का अर्थ है कि आप यह निश्चित करने की सामर्थ्य रखते हैं कि लोग क्या करते हैं और धन कैसे खर्च किया जाता है। शक्ति के साथ आप निर्णय कर सकते हैं या दूसरे लोगों द्वारा किए गए निर्णयों को बदल सकते हैं। आप निर्णय कर सकते हैं कि क्या कदम उठाए जाएँगे, या आप किए जा रहे कार्यों को रोक सकते हैं।

किसी भी कंपनी में दो प्रकार की शक्ति मौजूद रहती है—सकारात्मक शक्ति और नकारात्मक शक्ति। सकारात्मक शक्ति वह है,

जो आप उस समय दिखलाते हैं, जब आप अपनी क्षमताओं का प्रयोग संगठन की मदद करने हेतु करते हैं, ताकि संगठन अपने अधिकतर लक्ष्यों को अपेक्षाकृत शीघ्र और आसानी से तथा कम लागत पर प्राप्त कर सके। नकारात्मक शक्ति उस समय प्रदर्शित होती है, जब कोई व्यक्ति अपने पद या प्रभाव का इस्तेमाल स्वयं की उन्नति के लिए करता है या दूसरे लोगों या संगठन की कीमत पर स्वयं को आगे बढ़ाने के लिए करता है।

आप तीन प्रकार की सकारात्मक शक्ति विकसित कर सकते हैं। पहली सकारात्मक शक्ति को 'विशेषज्ञ शक्ति' कहा जाता है। विशेषज्ञ शक्ति उस समय प्रकट होती है, जब आप कंपनी के लिए महत्त्वपूर्ण नतीजे को प्राप्त करने में अत्यंत उत्कृष्ट सिद्ध होते हैं। महत्त्वपूर्ण योगदान करने संबंधी आपकी योग्यता के कारण लोग आपकी प्रशंसा और आपका सम्मान करते हैं, क्योंकि वे जानते हैं कि संगठन में सकारात्मक परिवर्तन लाने का श्रेय आपको जाता है।

शक्ति का दूसरा स्वरूप 'व्यक्तित्व शक्ति' कहलाता है। इस प्रकार की शक्ति आप तब प्राप्त करते हैं, जब दूसरे लोग आपको चाहने लगते हैं और आपका आदर करते हैं, जब आप लोकप्रिय तथा आकर्षक होते हैं। व्यक्तित्व शक्ति तब प्रकट होती है, जब लोग आपको पसंद करते हैं और चाहते हैं कि आपको सफलता मिले। हर संगठन में ऐसे विशाल हृदय एवं खुली मानसिकतावाले लोग होते हैं, जिनका बहुत जबरदस्त प्रभाव होता है, भले ही वे किसी प्रमुख या बड़े पद पर न हों। इस प्रकार की शक्ति किसी और बात से अधिक एक सकारात्मक, रचनात्मक मानसिकता पर आधारित होती है।

तीसरे प्रकार की शक्ति जो आप विकसित कर सकते हैं, वह है 'पद शक्ति'। यह शक्ति किसी पद नाम (कार्य से संबद्ध उपाधि) से आती है और इसके तहत आपको यह अधिकार भी प्राप्त होता है कि आप किसी को भी नौकरी पर रख सकें या नौकरी से निकाल सकें और अच्छे

व्यवहार के लिए लोगों को पुरस्कृत कर सकें तथा अनुचित व्यवहार के लिए दंड दे सकें। हर पदवी या पद के साथ यह शक्ति जुड़ी होती है।

अपनी कंपनी और अपने कॅरियर में जैसे-जैसे आप विशेषज्ञ शक्ति तथा व्यक्तित्व शक्ति विकसित करते हैं, जिन पर आपका अत्यधिक नियंत्रण रहता है, वैसे-वैसे आपको पद शक्ति दी जाती रहेगी। आपके ऊपर के लोग और आपके आस-पास के लोग भी चाहेंगे कि आपको पदोन्नत किया जाए, क्योंकि आपने दिखा दिया है कि आपके पास जितना अधिक प्रभाव होगा, उतने ही अधिक और बेहतर परिणाम आप कंपनी के लिए प्राप्त कर सकेंगे।

आप जितनी अधिक शक्ति प्राप्त करते हैं और सकारात्मक एवं रचनात्मक ढंग से अपनी उस शक्ति का प्रयोग करते हैं, उतनी ही अधिक शक्ति आपकी तरफ खिंची चली आती है। आपके आसपास अधिक-से-अधिक लोग आपका समर्थन और आपकी सहायता करेंगे। आपके वरिष्ठ अधिकारी आपको और अधिक साधन मुहैया कराएँगे तथा आपको और भी बड़ी जिम्मेदारी देंगे। दूसरे लोगों से आपको और भी अधिक आदर व सम्मान प्राप्त होगा। निश्चित रूप से आपको बढ़ा हुआ वेतन मिलेगा तथा आपकी तरक्की जल्दी-जल्दी होगी।

अभी कदम उठाएँ!

नेतृत्व का अर्थ समर्थन (अनुयायी) प्राप्त करने की योग्यता बतलाया गया है। अपने संगठन में शक्ति तथा प्रभाव विकसित करने के लिए अप्रत्यक्ष प्रयास 'सिद्धांत' का प्रयोग करें और यह आप तभी कर सकते हैं, जब आप निरंतर ऐसे उपायों की खोज करते रहें, जो कंपनी के लिए उसके अत्यंत महत्त्वपूर्ण लक्ष्य पूरे करने में मददगार सिद्ध हो सकते हैं। ऐसे उपायों की खोज करें, जिनके सहारे दूसरे लोग भी अपने कार्य में सफल हो सकें।

सकारात्मक शक्ति का विकास करें : जब आप अपने प्रभाव तथा अपनी योग्यता का उपयोग कंपनी की भलाई और वहाँ काम करनेवाले लोगों के हित के लिए करते हैं तो दूसरे लोग आपकी सफलता और उन्नति की कामना करेंगे।

□

21
काम जल्दी कराएँ

"हमेशा ध्यान में रखें कि सफल होने के लिए आपका अपना संकल्प किसी भी अन्य बात की अपेक्षा अधिक महत्त्व रखता है।"

–अब्राहम लिंकन

काम को सर्वोच्च प्राथमिकता देनेवाले पुरुष या महिला की यह विशेषता होती है कि वे कार्य-उन्मुख होते हैं, कर्मयोगी होते हैं। और यही उनकी सबसे बड़ी पहचान बन जाती है। ऐसा व्यक्ति पहल करता है और उसमें तात्कालिकता की भावना उत्पन्न हो जाती है। वह, स्त्री हो या पुरुष, निरंतर गतिमान रहता है। वह सदैव कुछ-कुछ ऐसा करता रहता है, जिससे कंपनी को अपने अत्यंत महत्त्वपूर्ण लक्ष्य जल्द-से-जल्द पूरे करने की दिशा में बढ़ने की प्रेरणा मिलती है।

कार्य के प्रति झुकाव होना आवश्यक है। आप जो भी करते हैं, उसमें एक लय पैदा करें। फैसला करें कि क्या करना आवश्यक है और फिर उस पर चल पड़ें। टाल-मटोल या विलंब न करें।

अच्छी बात यह है कि आप जितनी अधिक गति पकड़ते हैं, उतनी जल्दी अपना काम पूरा कर लेते हैं। इसका फल आपको यह मिलता

है कि आप अधिक अनुभवी तथा अधिक सक्षम हो जाते हैं। अधिक गतिमान रहने से आपको अधिक ऊर्जा मिलती है। आप जितनी अधिक गति से काम करते हैं, उतने ही अधिक चतुर व सृजनशील हो जाते हैं। आपकी तेज गति आपको अपनी कंपनी तथा आपके इर्द-गिर्द हर व्यक्ति की दृष्टि में आपको और भी अधिक मूल्यवान् बना देती है।

हमारे समाज में करीब 2 प्रतिशत लोग ही ऐसे हैं, जो तात्कालिकता का बोध रखते हैं। ये ही लोग अंततः अपने-अपने संगठनों के शिखर तक पहुँचने में कामयाब होते हैं। आप जो कुछ भी करते हैं, उसमें गति एवं विश्वसनीयता के लिए जब आपकी एक प्रतिष्ठा बन जाती है, तब ज्यादा-से-ज्यादा महत्त्वपूर्ण, ज्यादा-से-ज्यादा काम करने के अधिक अवसर आपकी ओर खिंचे चले आते हैं।

निस्संदेह, तत्परता एवं तीव्रता से काम करने का मतलब यह नहीं है कि आप गुणवत्ता का त्याग कर दें। अपने काम की गुणवत्ता बनाए रखें। लेकिन तात्कालिकता का भी ध्यान रखें और यथासंभव तेज गति से काम करें। और यह बात कंपनी के भविष्य के लिए और भी अधिक महत्त्व रखती है। आप जितनी जल्दी काम शुरू करेंगे, उतनी ही जल्दी उसे पूरा भी कर लेंगे। औसत पृष्ठभूमि या अनुभव प्राप्त औसत व्यक्ति जल्दी प्रतिक्रिया करता है तथा तेजी से आगे बढ़ता है। अंततः वह विद्वान् एवं मेधावी व्यक्ति के चारों ओर चक्कर लगाता रहता है। तभी कार्य करता है, जब वह चक्कर काटता है।

आपके मुख्य लक्ष्यों में से एक लक्ष्य यह होना चाहिए कि आप ऐसे व्यक्ति के रूप में अपनी प्रतिष्ठा बनाएँ, जिसके पास लोग कोई काम लेकर तभी आते हैं, जब वे उसे जल्दी पूरा कराना चाहते हैं। गति और विश्वसनीयता के लिए आपकी यह ख्याति आपके लिए हर दरवाजा खोल देगी। इसके चलते आपको अधिक वेतन एवं जल्दी-जल्दी तरक्की पाने में कभी कोई दिक्कत नहीं आएगी।

अभी कदम उठाएँ!

प्रत्येक दिन की शुरुआत में उन कार्यों की एक सूची बनाएँ, जो कार्य आपको उस दिन करने हैं। सूची में वर्णित कार्यों को प्राथमिकता के अनुसार ए, बी और सी क्रम में लगाएँ। ए श्रेणी में रखा गया कार्य अत्यंत महत्त्वपूर्ण है, बी श्रेणी का कार्य मध्यम महत्त्व का है और सी श्रेणी के अंतर्गत रखा गया कार्य वास्तव में बिलकुल महत्त्वपूर्ण नहीं है।

तदुपरांत 'ए' श्रेणी के प्रत्येक कार्य आगे 'ए-1', 'ए-2', 'ए-3' लिखकर उन कार्यों को प्राथमिकतानुसार क्रमबद्ध करें। जब आप 'ए-1' कार्य के बारे में पूर्णतया आश्वस्त हो जाएँ, तो सबसे पहला और अत्यावश्यक कदम यही होगा कि आप उस पर तत्काल काम करना शुरू कर दें। इस योजना को आज और अभी से लागू करें। उच्चतम प्राथमिकतावाले कार्य पर अत्यधिक तत्परता एवं तीव्रता से कदम बढ़ाने की यह आदत आपको इस योग्य बना देगी कि आप इससे भी अधिक आवश्यक एवं महत्त्वपूर्ण कार्य को शीघ्र पूरा करा सकें।

□

22

निष्कर्ष : अपने कॅरियर में तीव्र गति से कदम बढ़ाएँ

मैं एक अत्यंत महत्त्वपूर्ण बात दोहराकर इस पुस्तक को समाप्त करना चाहता हूँ। आपके कॅरियर तथा आपके भविष्य की बागडोर आपके हाथों में है। कोई और इतनी परवाह नहीं करता है, जितनी परवाह आप करते हैं। आपके लिए या आपकी जगह कोई दूसरा अत्यंत महत्त्वपूर्ण निर्णय नहीं करेगा। आप उत्तरदायी हैं और आपके पास वास्तव में विविध प्रकार की इतनी असीमित प्रतिभा एवं क्षमता है कि आप जो कर सकते हैं, उसकी कोई सीमा नहीं है।

समस्त मानव इतिहास का यह सबसे अच्छा युग है, जिसमें हम जी रहे हैं। अधिक वेतन और शीघ्र तरक्की पाने के जितने अधिक अवसर आज मौजूद हैं, उतने अवसर पहले कभी नहीं रहे हैं। आज आप कुछ ही वर्षों के अंदर जितनी अधिक प्रगति कर सकते हैं, उतनी प्रगति हासिल करने में आपके माता-पिता या दादा-दादी ने पूरा जीवन लगा दिया होगा। आपका काम वह सबकुछ करना है, जो आप इन उत्कृष्ट इक्कीस सुझावों को अपने शेष कॅरियर के लिए अपनाकर इस 'स्वर्णिम युग' का हिस्सा बनने के लिए कर सकते हैं।

उन इक्कीस सूत्रों को यहाँ एक बार फिर प्रस्तुत किया जा रहा है—

1. **निर्णय करें कि आप वास्तव में चाहते क्या हैं :** आप किसी उस लक्ष्य को निशाना नहीं बना सकते, जिसे आप देख नहीं सकते। आप जिस आदर्श कार्य की कल्पना करते हैं, उसकी तसवीर स्पष्ट करें और फिर अभी रुकें नहीं, जब तक कि आप उसे प्राप्त नहीं कर लेते।
2. **सही कंपनी चुनें :** अपना होमवर्क करें और निश्चिंत हों कि आप स्वयं को एक ऐसी कंपनी के सुपुर्द कर रहे हैं, जहाँ आप अत्यधिक उल्लेखनीय एवं शानदार प्रगति कर सकते हैं।
3. **सही बॉस का चुनाव करें :** आपको पूरा विश्वास होना चाहिए कि आप इस बॉस को पसंद करते हैं, उसका आदर करते हैं और महसूस करते हैं कि अपने इस बॉस के लिए आप पूरी लगन से, अपनी अधिकतम क्षमता से काम कर सकते हैं।
4. **सकारात्मक मानसिकता विकसित करें :** हर स्थिति में अच्छाई की आशा करें और एक ऐसा व्यक्ति बनने के प्रति स्वयं को समर्पित करें, जिसके साथ दूसरे लोग काम करना चाहते हैं और जिसे वे सफल होते देखना चाहते हैं।
5. **एक सफल व्यक्ति की छवि बनाएँ :** सुंदर व साफ-सुथरे वस्त्र धारण करने, सजने-सँवरने के लिए समय निकालें और अपने कार्य से संबंधित सभी गतिविधियों में विजेता की तरह दिखें।
6. **काम जल्दी शुरू करें, कड़ी मेहनत करें और देर तक ठहरें :** यह न सोचें कि जितने काम का पैसा आपको मिलता है, उतना काम आप कर देते हैं। उससे कुछ अधिक करने का प्रयास करें।
7. **खुद को आगे बढ़ाएँ :** आप जो भी अधिक-से-अधिक महत्त्वपूर्ण योगदान कर सकते हैं, उसके प्रति स्वयं को समर्पित करें।

8. **आपको जो चाहिए, माँग लें :** खुलकर बोलें और पहले से अधिक जिम्मेदारी, अधिक अवसरों तथा अधिक वेतन की माँग करें।
9. **अपनी ईमानदारी की रक्षा पवित्र वस्तु की तरह करें :** दूसरों के साथ पारस्परिक व्यवहार में ईमानदारी, निष्कपटता और सच्चाई बरतें।
10. **भविष्य के बारे में सोचें :** अपनी कंपनी और अपने कार्य में सुधार के लिए सप्ताहों व महीनों पहले उपयुक्त उपायों की खोज में लगे रहें।
11. **अपने लक्ष्यों पर फोकस रहें :** सुनिश्चित करें कि आप वास्तव में क्या हासिल करना चाहते हैं और हर एक दिन अपने प्रमुख लक्ष्यों पर काम करें।
12. **परिणामों पर ध्यान केंद्रित करें :** अपनी मानसिक एवं शारीरिक शक्तियों को अपने कार्य में सबसे अधिक महत्त्वपूर्ण परिणाम प्राप्त करने की दिशा में केंद्रित करें।
13. **समस्या हल करनेवाला बनें :** आपकी कंपनी और आपके बॉस को जिन समस्याओं का सामना करना पड़ता है, उनका समाधान करने के बेहतर, तीव्र और सस्ते उपायों की निरंतर खोज करें।
14. **अपनी जन्मजात रचनात्मकता प्रकट करें :** आपको चाहिए कि अपनी बुद्धि को आप ऐसे उपायों एवं सुझावों की खोज करने हेतु बराबर जगाते रहें, जिनकी मदद से आपकी कंपनी परिणामों को पहले की अपेक्षा कहीं अधिक शीघ्र, कम लागत पर और सरलता से प्राप्त कर सके।
15. **हर चीज में लोगों को पहले रखें :** ऐसे उपायों की खोज करें, जिनकी मदद से आपका बॉस तथा दूसरे लोग कंपनी के प्रति

अधिक-से-अधिक योगदान करने में समर्थ हो सकें।

16. **बराबर अपना ज्ञान बढ़ाते रहें :** हर एक दिन अपने ज्ञान एवं कार्य-कौशल में वृद्धि करने के लिए पढ़ें, अध्ययन करें, सेमिनार में भाग लें और ओडियो कार्यक्रमों को सुनें।
17. **श्रेष्ठता के प्रति समर्पित रहें :** उन कार्यों को करने में बहुत श्रेष्ठ बनने का संकल्प करें, जो आपकी कंपनी तथा आपके ग्राहकों के लिए वास्तव में बहुत महत्त्व रखते हैं।
18. **ग्राहकों पर पूरा ध्यान दें :** अपने ग्राहकों की जरूरतों और सुख-समृद्धि को निर्णयन-कार्य के केंद्र में रखें।
19. **आधारभूत सिद्धांतों पर फोकस करें :** आमदनी और व्यय के हर स्रोत को इस दृष्टि से देखें, मानो यह आपकी अपनी कंपनी है और सदैव अपनी कंपनी के वित्तीय परिणामों को समृद्ध करने के रास्ते खोजें।
20. **अपनी सकारात्मक शक्ति विकसित करें :** संकल्प करें कि आप विशेषज्ञता एवं व्यक्तित्व-संपन्न बनेंगे और अपने संगठन के लिए अपेक्षाकृत अत्यंत शानदार तथा उल्लेखनीय परिणाम प्राप्त करेंगे।
21. **काम जल्दी कराएँ :** ऐसे व्यक्ति के रूप में अपनी प्रतिष्ठा बनाएँ, जो किसी अन्य की अपेक्षा बहुत शीघ्र और बहुत विश्वसनीयता से परिणाम प्राप्त कर लेता है।

आज धन-दौलत के मुख्य स्रोत हैं—प्रतिभा और योग्यता, ज्ञान और विचार। धन और संसाधनों का प्रवाह उन पुरुषों एवं महिलाओं की ओर रहता है, जो दिखा देते हैं कि वे काम जल्दी करवा सकते हैं और सही करवा सकते हैं।

जब आप अधिक वेतन और जल्दी तरक्की पाने के इन इक्कीस सूत्रों का अभ्यास करना शुरू करेंगे, आपके कॅरियर को आगे बढ़ने का

तेज रास्ता मिल जाएगा। फिर आप अपने आसपास के किसी भी व्यक्ति के मुकाबले अधिक तेजी से आगे-ही-आगे बढ़ेंगे। आप नीचे से ऊपर की तरफ तथा आगे की तरफ बढ़ेंगे और आपका जीवन वास्तव में कुछ-कुछ असाधारण बन जाएगा। आगे बढ़ने की कोई सीमा नहीं है। आज ही कदम उठाएँ!

□□□